5

VAMOS APRENDER

LÍNGUA PORTUGUESA

ANOS INICIAIS DO ENSINO FUNDAMENTAL

COMPONENTE CURRICULAR:
LÍNGUA PORTUGUESA • 5º ANO

CB043031

Daniela Passos

Licenciada em Letras pela Universidade Estadual de Londrina (UEL-PR).
Mestra em Estudos da Linguagem pela UEL-PR.
Realiza trabalhos de assessoria pedagógica no desenvolvimento de materiais didáticos
para o Ensino Fundamental.
Autora de livros didáticos para o Ensino Fundamental.

São Paulo, 1ª edição, 2017

sm

Vamos aprender **Língua Portuguesa 5**
© **Edições SM Ltda.**
Todos os direitos reservados

Direção editorial	M. Esther Nejm
Gerência editorial	Cláudia Carvalho Neves
Gerência de *design* e produção	André Monteiro
Coordenação de *design*	Gilciane Munhoz
Coordenação de arte	Melissa Steiner Rocha Antunes, Ulisses Pires
Coordenação de iconografia	Josiane Laurentino
Coordenação de preparação e revisão	Cláudia Rodrigues do Espírito Santo
Suporte editorial	Alzira Bertholim Meana
Produção editorial	Scriba Soluções Editoriais
Supervisão de produção	Priscilla Cornelsen Rosa
Edição	Raquel Teixeira Otsuka, Marcos Rogério Morelli, Guilherme dos Santos Roberto, Denise de Andrade
Revisão	Clara Recht Diament, Luciane Gomide
Edição de arte	Mary Vioto, Barbara Sarzi, Janaina Oliveira
Pesquisa iconográfica	André Silva Rodrigues, Soraya Pires Momi
Tratamento de imagem	José Vitor E. Costa
Capa	João Brito, Carla Almeida Freire
Imagem de capa	Fernando Volken Togni
Projeto gráfico	Marcela Pialarissi, Rogério C. Rocha
Editoração eletrônica	Renan Fonseca
Fabricação	Alexander Maeda
Impressão	Pifferprint

Em respeito ao meio ambiente, as folhas deste livro foram produzidas com fibras obtidas de árvores de florestas plantadas, com origem certificada.

Dados Internacionais de Catalogação na Publicação (CIP)
(Câmara Brasileira do Livro, SP, Brasil)

Marinho, Daniela Oliveira Passos
Vamos aprender língua portuguesa, 5º ano : ensino
    fundamental, anos iniciais / Daniela Oliveira Passos
    Marinho. – 1. ed. – São Paulo : Edições SM, 2017.

Suplementado pelo manual do professor.
Bibliografia.

ISBN 978-85-418-1998-5 (aluno)
ISBN 978-85-418-1999-2 (professor)

1. Português (Ensino fundamental) I. Título.

17-110781   CDD-372.6

Índices para catálogo sistemático:
1. Português : Ensino fundamental 372.6

1ª edição, 2017
2ª impressão, 2019

Edições SM Ltda.
Rua Tenente Lycurgo Lopes da Cruz, 55
Água Branca 05036-120 São Paulo SP Brasil
Tel. 11 2111-7400
edicoessm@grupo-sm.com
www.edicoessm.com.br

APRESENTAÇÃO

Caro aluno, cara aluna,

Você começou a aprender e a fazer descobertas mesmo antes de entrar na escola. Por isso, este livro foi criado para demonstrar o quanto você já sabe e o quanto ainda pode aprender.

Por meio da leitura e da escrita, você vai aprender a usar a linguagem para se expressar, ler e escrever cada vez melhor. Os temas das unidades, os textos e as atividades foram escolhidos para que seu estudo seja proveitoso e divertido.

Desejo a você um ano com muitos desafios, diversões e descobertas.

SUMÁRIO

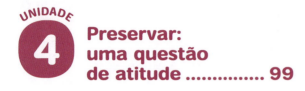

Conheça os ícones

 Responda à atividade oralmente.

 Escreva a resposta no caderno.

Viver e conviver

espies/Shutterstock.com/ID/BR

Crianças abraçadas, em círculo, manchadas com tintas coloridas.

Ponto de partida

1. O que a expressão dessas crianças sugere?

2. Em sua opinião, essas crianças são amigas?

3. De que forma podemos cultivar uma relação harmônica com as pessoas com as quais convivemos?

Lendo um artigo de opinião

Todos os dias, convivemos com diversas pessoas. Em casa, na escola, na rua... o tempo todo estamos lidando com gente. Mas será que conviver é apenas estar junto? O que você acha que é preciso para haver uma boa convivência entre as pessoas? Leia o texto a seguir e conheça uma opinião sobre esse assunto.

Vamos conviver melhor?

Você já parou para pensar que não é possível viver sozinho? O tempo todo fazemos parte de diversos grupos e por onde passamos deixamos um pouco de nós e levamos um pouco do outro. Para começar esta conversa, você topa um desafio? Tente lembrar quantas pessoas fazem parte da sua vida e escreva em um papel o nome de 15 delas. Perceba o quanto você compartilha sua vida e como se relaciona com cada uma. Essas formas de compartilhar, perceber e sentir o outro é o que chamamos de convivência. Atitudes que precisam ir além do simples estar com o outro, como entender diferentes opiniões, respeitar e se conectar com os mais diversos sentimentos que existem para nos relacionar melhor.

Uma pesquisa feita na Universidade de Harvard, nos Estados Unidos, apontou que, de cada três pessoas demitidas do emprego, duas o são por não saber se relacionar com o grupo. A resolução de problemas pode nos dar algumas pistas de como estamos nos relacionando. Imagine que alguém da sua classe tenha dito ou feito algo que te chateou. Qual a sua reação e comportamento diante disso? Você reage por impulso ou pensa em estratégias para resolver a situação da melhor forma? Desenhe ou descreva a cena que você está

Fotomontagem de Rogério C. Rocha. Fotos: kali9, Halfpoint, Eivaisla, M. Business Images, LiliGraphie/Stock/Getty Images

imaginando para visualizá-la. Observe como representou o problema e qual foi sua atitude. Já pensou que uma reação precipitada pode prejudicar um relacionamento com uma pessoa?

Quando começamos a perceber nossas atitudes e paramos para pensar em nossas ações diante dos mais diversos problemas, conseguimos aprender muito, pois eles nos tiram do nosso conforto, daquilo a que já estamos acostumados. Passamos a ter mais habilidades para enfrentá-los e, assim, criamos um ambiente saudável para a convivência por meio do diálogo e do exercício da empatia.

Você pode até não gostar de todas as pessoas com quem convive, mas é necessário respeitá-las e entender os seus pontos de vista. As pessoas são diferentes em idade, tamanho, culturas e jeito. Para conviver bem, precisamos prestar atenção em coisas básicas, como ouvir e respeitar. Algumas ideias importantes que fazem sentido para construir relações mais humanas, nas quais a gente se dá conta do outro, importa-se e respeita cada um na sua diversidade. Que tal começar a colocar isso em prática com as pessoas da sua lista?

Vamos conviver melhor?, de Ana Carolina Dorigon. *Joca*, São Paulo: Magia de Ler, n. 89, fev. 2017. Comportamento, p. 6.

O texto que você leu foi publicado na seção Comportamento do jornal infantojuvenil *Joca*. Ele foi escrito pela professora e orientadora educacional Ana Carolina Dorigon, que atua a favor do diálogo sobre respeito e aceitação da diversidade.

Primeira página do jornal *Joca*.

Estudando o texto

1. A ideia que você tinha sobre convivência é a mesma que foi apresentada no texto? Comente sua resposta.

2. Compare a maneira como você se relaciona com as pessoas e a opinião da autora do artigo sobre como devemos nos relacionar.

   a. Existe alguma diferença entre elas? Quais?

   b. E semelhanças? Aponte-as.

3. Releia o trecho a seguir.

> [...] O tempo todo fazemos parte de diversos grupos e por onde passamos deixamos um pouco de nós e levamos um pouco do outro. [...]

   a. O que você entende pela expressão "deixar um pouco de nós"?

   _____

   _____

   _____

   b. E o que significa "levar um pouco do outro"?

   _____

   _____

   _____

4. O **artigo de opinião** é um texto jornalístico que pretende apresentar e defender uma opinião sobre determinado assunto. Qual é o assunto do artigo que você leu?

_____

5. Qual é o público-alvo desse texto?

_____

6. Saber se relacionar bem com as pessoas é algo que:

○ diz respeito apenas a crianças.

○ diz respeito apenas a adultos.

○ diz respeito a pessoas de todas as idades.

7. Em sua opinião, por que é importante aprender a conviver bem com as pessoas desde a infância?

_____

_____

8. Leia abaixo o significado de uma palavra importante para a boa convivência.

> **empatia** _subst. fem._ A capacidade de pensar igual a uma pessoa, ou de modo semelhante ao dela, e assim poder compreendê-la.

Aurélio Júnior: dicionário escolar da língua portuguesa, de Aurélio Buarque de Holanda. 2. ed. Curitiba: Positivo, 2011. p. 354.

Agora, supondo que você não tenha sido convidado para a festa de aniversário de um colega de sala, como você colocaria em prática a empatia nesse caso?

_____

_____

_____

_____

9. Um artigo de opinião costuma apresentar a seguinte estrutura.

Introdução: apresenta o assunto e a ideia central.

Desenvolvimento: mostra o ponto de vista do autor do texto e os seus argumentos.

Conclusão: apresenta o fechamento das ideias.

Circule os parágrafos do texto que correspondem a cada uma dessas partes, de acordo com as cores abaixo.

introdução   desenvolvimento   conclusão

10. Ao apresentar os dados de uma pesquisa de uma universidade importante, o texto:

◯ torna-se mais confiável.   ◯ torna-se mais difícil.

11. Releia o último parágrafo do texto e responda qual é a conclusão apresentada pela autora para que possamos conviver bem.

_____

_____

12. Um sinal de pontuação muito recorrente no artigo de opinião que você leu é o ponto de interrogação. Qual foi a intenção da autora ao utilizar perguntas em diversos momentos do texto?

◯ Levar o leitor à reflexão, dialogando com ele.

◯ Questionar a opinião do leitor.

13. Para conhecer um pouco mais sobre as pessoas com quem você vai conviver neste ano, recorte o formulário da página **259**, do **Material complementar**, e preencha-o. Em seguida o professor dará as instruções sobre o que você deve fazer com ele.

FORMULÁRIO

NOME COMPLETO: _____

COLE AQUI SUA FOTO 3x4

_____ SEXO: M ◯ F ◯

DOCUMENTO (RG, CERTIDÃO DE NASCIMENTO): _____

ENDEREÇO: _____ NÚMERO: _____

COMPLEMENTO: _____

BAIRRO: _____ CIDADE: _____

ESTADO: _____ CEP: _____ - ____ TELEFONE: ____ - ____

DATA DE NASCIMENTO: ___/___/___ 5º ANO ____

NACIONALIDADE: BRASILEIRA ◯ ESTRANGEIRA ◯ QUAL? ____

TIPO SANGUÍNEO: _____ IRMÃOS: NÃO ◯ SIM ◯ QUANTOS? ____

ALTURA: _____ m _____ cm PESO: _____ kg, MANEQUIM: ____

CALÇADO: _____ MORO COM: _____

GOSTO DE: _____

NÃO GOSTO DE: _____

TENHO ALERGIA A: _____

EM CASO DE EMERGÊNCIA, ENTRAR EM CONTATO COM: ____

_____ PELO TELEFONE: ____ - ____

Declaro que todas as informações acima são verdadeiras.

_____, _____ DE _____ DE 20___

ASSINATURA

Estudando a língua

Conjunção

1. Releia o trecho a seguir, retirado do artigo de opinião "Vamos conviver melhor?", e responda às questões.

> Quando começamos a perceber nossas atitudes e paramos para pensar em nossas ações diante dos mais diversos problemas, conseguimos aprender muito, pois eles nos tiram do nosso conforto, daquilo a que já estamos acostumados.

a. Observe o emprego da palavra **quando** nesse parágrafo. Qual dos sentidos abaixo essa palavra indica?

◯ Tempo.　　　◯ Soma, adição.　　　◯ Lugar.

b. Agora analise o uso da palavra **e** na primeira linha desse parágrafo. Qual dos sentidos listados a seguir a palavra **e** expressa nesse contexto?

◯ Tempo.　　　◯ Soma, adição.　　　◯ Lugar.

c. Nesse parágrafo, o autor explica por que conseguimos aprender quando percebemos nossas atitudes e paramos para pensar diante de problemas. Que palavra introduz essa explicação?

◯ Para.　　　◯ Em.　　　◯ Pois.

d. O parágrafo analisado acima foi reescrito a seguir com alteração na ordem das frases. Complete-o utilizando as palavras abaixo para relacionar as frases, mantendo os sentidos do parágrafo original.

porque	logo que	e

Conseguimos aprender muito _____ começamos a perceber

nossas atitudes _____ paramos para pensar em nossas ações

diante dos mais diversos problemas, _____ eles nos tiram do

conforto, daquilo a que já estamos acostumados.

2. Releia outro parágrafo do artigo de opinião.

> Você pode até não gostar de todas as pessoas com quem convive, mas é necessário respeitá-las e entender os seus pontos de vista. As pessoas são diferentes em idade, tamanho, culturas e jeito. Para conviver bem, precisamos prestar atenção em coisas básicas como ouvir e respeitar.

Agora, marque um **X** na alternativa que explica a função do termo **mas** nesse trecho.

○ Relaciona duas ideias, colocando a segunda ideia em oposição à primeira.

○ Relaciona duas ideias, permitindo que a segunda ideia exemplifique a primeira.

○ Confronta duas ideias, indicando a relação de tempo entre elas.

O termo que liga ou relaciona partes de um texto, atribuindo a essa relação uma ideia, um sentido, é chamado de **conjunção**.

Veja exemplos de conjunções e os sentidos que elas estabelecem.

Principais conjunções	Relação de sentido	Exemplos
e, nem	soma, adição	Não assisti ao *show* **nem** ao jogo.
mas, porém, entretanto	oposição	Assisti ao *show*, **mas** não gostei.
se, caso	condição	Aviso você **se** eu for ao *show*.
porque, como, visto que	causa	Não fui ao *show* **porque** preferi ir ao jogo.
a fim de que, para que	finalidade	Comprei dois ingressos **para que** você vá comigo.
quando, enquanto, logo que	tempo	O ingresso estava mais barato **quando** comprei.

Pratique e aprenda

1. Leia o texto da quarta capa de um livro e responda às questões.

Encrencas em que já me meti:

✔ Ganhar um presente horroroso no dia do meu aniversário

✔ Ter de mostrar um boletim cheio de notas vermelhas para meus pais

✔ Receber a visita de uma tia que tem mania de beijar e apertar minhas bochechas

✔ Ter um ataque de bobeira na hora errada

✔ Ir comer na casa de alguém e descobrir que a refeição é um prato esquisitíssimo

✔ Ter um irmão dedo-duro que vive pegando no meu pé

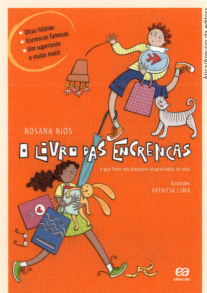

Capa de *O livro das encrencas*, de Rosana Rios.

✔ Depois de ir ao banheiro descobrir que não há papel higiênico ali

Se essas situações já aconteceram — ou pior, vivem acontecendo — com você, então não largue mais este livro. Com ele você vai aprender maneiras divertidas de encarar essas e outras enrascadas do dia a dia.

O livro das encrencas, de Rosana Rios. Ilustrações originais de Patricia Lima. São Paulo: Ática, 2005. Quarta capa.

a. Esse texto despertou em você a vontade de ler o livro? Por quê?

b. Em sua opinião, qual é a pior situação apresentada no texto? Como você faria para resolvê-la?

2. No texto da quarta capa, foram empregadas três conjunções com o sentido de adição. Identifique-as e circule-as.

3. Releia o trecho abaixo, analisando a conjunção em destaque.

> **Se** essas situações já aconteceram [...], então não largue mais este livro.

a. Qual dos seguintes sentidos essa conjunção indica?

( ) Adição.   ( ) Condição.

b. O sentido dessa conjunção pretende causar que efeito no leitor?

_____

_____

_____

4. Leia a tirinha a seguir e responda às questões.

Você tem muito o que aprender, Charlie Brown!, de Charles M. Schulz. Tradução de Tatiana Öri-Kovács. São Paulo: Conrad, 2004. p. 27.

a. No terceiro quadrinho, que frase indica o objetivo ou a finalidade do fotógrafo ao tirar uma foto de Linus ao lado de um cachorro?

_____

_____

b. Que expressão introduz essa frase?

_____

c. Que sentido essa expressão indica?

( ) Adição.   ( ) Finalidade.   ( ) Tempo.

d. Quais são as suas impressões sobre o comportamento de Snoopy no quarto quadrinho?

_____

_____

Palavras: significados e usos

Verbete de dicionário

1. No estudo do artigo de opinião "Vamos conviver melhor?", você leu o verbete da palavra **empatia**. Agora, leia o verbete de outra palavra empregada no artigo, também muito importante para uma boa convivência.

> **di.á.lo.go** *s.m.* **1.** fala entre dois ou mais indivíduos; conversa **2.** conjunto das palavras trocadas pelas personagens de um romance, filme etc.

Minidicionário Houaiss da Língua Portuguesa, de Antônio Houaiss e Mauro de Salles Villar. 3. ed. Rio de Janeiro: Objetiva, 2008. p. 249.

Os verbetes de dicionário são organizados em duas partes: a entrada (palavra que inicia o verbete) e as informações sobre ela.

a. Identifique e circule a entrada desse verbete.

b. A respeito dessa entrada, marque um **X** nas alternativas corretas.

◯ Recebe uma cor diferente. ◯ Está no singular.

◯ Não recebe destaque. ◯ Está dividida em sílabas.

c. As letras *s.m.*, presentes nesse verbete, indicam a classe gramatical e o gênero da palavra **diálogo**. Sabendo disso, qual é o significado dessas letras?

_____

2. Releia o verbete acima e responda às questões.

a. Quantos significados esse verbete apresenta?

_____

b. De que forma esses significados são organizados?

_____

3. Releia a seguir um trecho do artigo de opinião em que a palavra **diálogo** está empregada. Depois, responda às questões propostas.

> [...] Passamos a ter mais habilidades para enfrentá-los e, assim, criamos um ambiente saudável para a convivência por meio do diálogo e do exercício da empatia.

a. O uso da palavra **diálogo** nesse trecho corresponde a que significado apresentado no verbete da página anterior? Sublinhe-o.

b. De acordo com o verbete, que palavra poderia substituir **diálogo** sem alterar o sentido da frase?

_____

Verbete de dicionário é o conjunto de informações sobre uma palavra. Os verbetes são, geralmente, formados pela entrada (palavra que inicia o verbete) e pelo(s) significado(s), podendo apresentar mais informações sobre ela.

4. Leia o verbete a seguir.

> **Gentileza** sf. **1.** Qualidade de ser gentil: amabilidade, atenção, cortesia, delicadeza – _Aquela cantora é conhecida por sua gentileza._ **2.** Pequeno serviço que se presta por amizade: delicadeza, favor – _Vir me trazer de carro foi uma gentileza dele._ Ant.: _grosseria._ **Gen.ti.le.za**

Dicionário Júnior da língua portuguesa, de Geraldo Mattos. São Paulo: FTD, 2010. p. 372.

Quais informações esse verbete apresenta, além do significado da palavra **gentileza**?

_____

_____

_____

_____

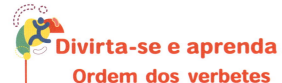

Divirta-se e aprenda

Ordem dos verbetes

1. Outra característica importante dos verbetes de dicionário é a forma como são organizados: em ordem alfabética. Recorte os verbetes da página **261**, do **Material complementar**, e cole-os seguindo essa ordem.

[...]

goi.a.ba *s.f.* Fruto da goiabeira, de polpa vermelha ou branca, comestível crua e muito usada na produção de doces, geleias e compotas.

goi.a.mu ou **goi.a.mum** *s.m.* Var. de GUAIAMU.

go.la.da *s.f.* Gole.

go.le *s.m.* Quantidade de líquido que se pode engolir de uma vez só; golada, trago.

go.le.a.da *s.f.* Grande número de gols marcados por um time durante uma partida: *ganhar de goleada.*

go.le.ar *v.t.* (conj. 15). Fazer grande número de gols.

[...]

A B C D E F **G** H I J K L M N O P Q R S T U V W X Y Z

Míni Larousse dicionário da língua portuguesa, de Diego Rodrigo e Fernando Nuno (Coord.). São Paulo: Larousse do Brasil, 2008. p. 389.

Lendo um conto

Fazer amigos é muito bom, não é mesmo? Você se lembra de como conheceu seus amigos? Que sentimentos você teve ao criar cada nova relação de amizade? Será que, ao conhecer alguém, você passou por uma situação parecida com a dos personagens do conto a seguir? Leia-o e descubra.

Moinho de sonhos

A mulher e o menino iam montados no cavalo; o homem ia ao lado, a pé. Andavam sem rumo havia semanas, até que deram numa aldeia à beira de um rio, onde as oliveiras vicejavam.

Fizeram uma pausa e, como a gente ali era hospitaleira e a oferta de serviço abundante, resolveram ficar. O homem arranjou emprego num moinho próximo à aldeia. A mulher se juntou a outras que colhiam azeitonas em terras ao redor de um castelo. Levou consigo o menino que, no meio do caminho, achou um velho cabo de vassoura e fez dele o seu cavalo. Deu-lhe o nome de Rocinante.

Ao chegar aos olivais, o pequeno encontrou o filho de outra colhedeira — um garoto que se exibia com um escudo e uma espada de pau.

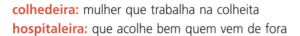

colhedeira: mulher que trabalha na colheita
hospitaleira: que acolhe bem quem vem de fora
oliveiras: árvores que dão azeitonas (olivas)
vicejavam: cresciam de modo grandioso

Os dois se observaram a distância. Cada um se manteve junto à sua mãe, sem saber como se libertar dela. Vigiavam-se. Era preciso coragem para se acercar. Mas meninos são assim: se há abismos, inventam pontes.

De súbito, estavam frente a frente. Puseram-se a conversar, embora um e outro continuassem na sua. Logo esse já sabia o nome daquele: o menino recém-chegado se chamava Alonso; o outro, Sancho.

Começaram a se misturar:

— Deixa eu brincar com seu cavalo?, pediu Sancho.

— Só se você me emprestar sua espada, respondeu Alonso.

Iam se entendendo, apesar de assustados com a felicidade da nova companhia.

Avançaram na entrega:

— Tá vendo aquele moinho gigante?, apontou Alonso. Meu pai sozinho é que faz ele girar.

— Seu pai deve ter braços enormes, disse Sancho.

— Tem! Mas nem precisava, respondeu Alonso. Ele move o moinho com um sopro.

de súbito: de repente
se acercar: se aproximar

Henrique Jorge

Sancho achou graça. Também tinha uma proeza a contar:

— Tá vendo o castelo ali?, apontou. Meu pai disse que o dono tem tanta terra que o céu não dá para cobrir ela toda.

— E se a gente esticasse o céu como uma lona e cobrisse o que está faltando?, propôs Alonso.

— Seria legal, disse Sancho. Mas ia dar um trabalhão.

— Temos de crescer primeiro.

— Bom, enquanto a gente cresce, vamos pensar num jeito de subir até o céu! — disse Alonso.

— Vamos!, concordou Sancho.

Sentaram-se na relva. O cavalo, a espada e o escudo entre os dois. Um sopro de vento passou por eles.

Já eram amigos: moviam juntos o mesmo sonho.

Moinho de sonhos, de João Anzanello Carrascoza. *Revista Nova Escola*, São Paulo, Abril, Edição especial: Era uma vez , v. 5, n. 32, p. 15, jul. 2010. © by João Anzanello Carrascoza.

proeza: façanha, algo difícil de ser realizado
relva: gramado

Henrique Jorge

O texto que você leu foi publicado em uma edição especial da revista *Nova Escola*. O autor do texto, João Anzanello Carrascoza, nasceu em Cravinhos, no estado de São Paulo, e, além de professor, dedica-se também à produção de livros infantojuvenis, tendo conquistado importantes prêmios, entre eles o Prêmio Jabuti.

Foto de João Anzanello Carrascoza, em 2012.

Estudando o texto

1. Alonso e Sancho iniciaram uma amizade. Você vê alguma semelhança entre a história deles e a forma como você faz novos amigos?

2. Quais as suas impressões sobre a história que você leu? Troque ideias com os colegas e o professor.

3. O texto que você leu é um **conto**, um texto com poucos personagens cuja finalidade é, geralmente, contar uma história.

a. Qual é a ação ou o acontecimento central do conto "Moinho de sonhos"?

_____

b. Quem são os personagens principais do conto?

_____

c. Em que espaço acontece a ação?

_____

d. É possível saber quando a história aconteceu? Por quê?

_____

4. Onde e como foi o encontro dos dois meninos?

_____

_____

_____

5. O narrador representa a voz que conta os acontecimentos da história. Marque um **X** na alternativa correta sobre o narrador do conto lido.

◯ É um narrador-personagem, ou seja, também participa dos acontecimentos.

◯ É um narrador-observador, ou seja, apenas narra os acontecimentos.

6. Enquanto os pais trabalhavam na colheita de azeitonas, o que os dois meninos faziam?

_____

_____

7. No conto, os meninos "começaram a se misturar". Qual o sentido que se pode atribuir a essa expressão?

_____

_____

8. O **discurso direto** ocorre quando as falas dos personagens são reproduzidas da forma como foram ditas. O **discurso indireto** ocorre quando as falas dos personagens são apresentadas por meio da voz do narrador. Releia o trecho a seguir e responda às questões.

— Tá vendo aquele moinho gigante?, apontou Alonso. Meu pai sozinho é que faz ele girar.

— Seu pai deve ter braços enormes, disse Sancho.

— Tem! Mas nem precisava, respondeu Alonso. Ele move o moinho com um sopro.

Henrique Jorge

a. O que há de fantasioso na fala de Alonso?

_____

_____

b. Essa fala de Alonso causou uma reação em Sancho. O que Sancho fez após ouvir as informações fantasiosas de Alonso?

_____

_____

c. Qual dos dois tipos de discurso foi empregado nesse trecho? Marque um **X** na alternativa correta.

( ) Discurso direto.   ( ) Discurso indireto.

d. Os verbos empregados nesse trecho para indicar as falas dos personagens são:

( ) vendo, faz e ter.   ( ) girar, deve e tem.

( ) apontou, disse e respondeu.   ( ) é, precisava e move.

e. Se fossem usados os verbos **cochichou**, **gritou** e **resmungou** em vez dos verbos que você indicou, o sentido do texto seria o mesmo?

_____

_____

f. Leia a reescrita do primeiro parágrafo do trecho da página anterior em que foi empregado o discurso indireto.

Alonso apontou para o moinho gigante e perguntou a Sancho se ele o estava vendo. Em seguida, explicou que seu pai é quem o fazia girar.

Agora, reescreva no caderno os dois outros parágrafos do trecho da página anterior empregando o discurso indireto.

9. Releia a última frase do conto.

Já eram amigos: moviam juntos o mesmo sonho.

Que sonho era esse?

_____

10. Releia este trecho do conto e responda às questões a seguir.

> A mulher e o menino **iam** montados no cavalo; o homem **ia** ao lado, a pé. Andavam sem rumo havia semanas, até que deram numa aldeia à beira de um rio, onde as oliveiras vicejavam.
>
> Fizeram uma pausa e, como a gente ali era hospitaleira e a oferta de serviço abundante, resolveram ficar.

a. O verbo **ir** foi empregado duas vezes no início desse trecho, porém de maneiras diferentes: uma no plural e uma no singular. Sabendo que o verbo deve concordar com a(s) palavra(s) à(s) qual(ais) se refere, explique por que ele foi empregado de maneiras diferentes nesse trecho.

_____

_____

_____

b. Em que momento a família parou de andar sem rumo?

_____

_____

c. Que expressão indica ideia de tempo nesse trecho?

_____

d. Além de ligar as ideias apresentadas no trecho, a conjução **como**:

○ revela quando a família resolveu ficar na aldeia.

○ apresenta a causa de a família ter ficado na aldeia.

○ explica por que a família não quis ficar na aldeia.

11. Que relação há entre o título do conto e a amizade dos personagens?

_____

_____

Comparando textos

Leia agora um trecho adaptado do romance *Dom Quixote*, do escritor Miguel de Cervantes.

A incrível batalha contra os moinhos de vento

Depois de cavalgarem por algumas horas, chegaram a um grande campo onde se viam muitos moinhos de vento.

Dom Quixote exclamou para o criado:

— Veja, meu fiel Sancho! Diante de nós estão mais de trinta gigantes! Vou combatê-los e matar um por um.

— Que gigantes? — Sancho Pança só via moinhos de vento.

— Olhe lá! Têm braços enormes, devem medir metros...

— Aquilo não são gigantes, meu amo... São moinhos de vento! E aqueles braços são as pás que fazem girar a pedra para moer os grãos.

— Você não tem prática nessas aventuras!

Marília Bruno

E, invocando o nome de sua amada Dulcineia, cravou a lança numa das pás do moinho mais próximo. Foi a conta. A força da batida reduziu sua lança a pedaços e cavalo e cavaleiro foram atirados a distância. Sancho Pança, aflito, correu em socorro do desastrado combatente:

— Eu avisei que eram moinhos de vento e não gigantes!

— São os azares da guerra. Eram gigantes e agora são moinhos. São artes diabólicas que provocam essas transformações.

Marília Bruno

Sancho Pança, sem entender nada, deixou que seu patrão e Deus resolvessem aquele problema. Apesar dos ferimentos, Dom Quixote só lamentava a perda de sua lança. Sentia dores por todo o corpo mas não se lastimava, pois isso não era procedimento digno de um verdadeiro herói da cavalaria andante.

A incrível batalha contra os moinhos de vento, de Miguel de Cervantes. Em: *Dom Quixote*. Adaptação de José Angeli. Ilustrações originais de Clarissa Barillo. São Paulo: Scipione, 1999. p. 13 (Série Reencontro infantil).

artes diabólicas: magias
invocando: chamando
lastimava: lamentava, reclamava

Dom Quixote de La Mancha é um dos romances mais conhecidos no mundo, um clássico da literatura universal! Ele foi escrito pelo espanhol Miguel de Cervantes (1547-1616) e publicado no ano de 1605.

Traduzido para muitas línguas e adaptado para diversos públicos, o livro narra as aventuras que Dom Quixote percorre com seu amigo, Sancho Pança. O trecho que você leu é uma dessas adaptações, feita pelo gaúcho, de Aratiba, José Angeli Sobrinho.

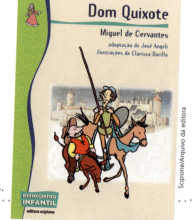

Scipione/Arquivo da editora

Capa do livro *Dom Quixote*, de Miguel de Cervantes.

1. Leia as informações abaixo e numere-as de acordo com os acontecimentos do texto.

( ) Ao atingir um moinho, cavalo e cavaleiro foram atirados para longe.

( ) Sancho alertou seu amo dizendo que eram moinhos.

( ) Dom Quixote e Sancho chegaram a um campo onde havia moinhos de vento.

( ) Dom Quixote, após a batalha, sentiu a perda de sua lança.

( ) Dom Quixote achou que os moinhos de vento eram gigantes.

( ) Dom Quixote não acreditou em Sancho e atacou os moinhos.

2. Quais elementos do conto "Moinho de sonhos" fazem o leitor perceber a ligação entre ele e o romance *Dom Quixote*?

_____

_____

3. Em sua opinião, Alonso, personagem do conto "Moinho de sonhos", e Dom Quixote são parecidos? Se sim, em quais aspectos?

_____

_____

_____

Lendo com expressividade

Agora, vamos ler esse trecho de maneira dramatizada? O professor vai escolher três alunos para que façam a leitura em voz alta: um será o narrador; o outro, Sancho; e o terceiro, Dom Quixote.

Após realizar um ensaio, os escolhidos farão a leitura com expressividade, de modo a indicar as emoções e intenções de cada fala.

Se vocês preferirem, toda a turma pode participar desse momento, formando grupos de três alunos.

Como se escreve?

Sinais de pontuação

1. Leia o trecho de um artigo expositivo que trata das regras da escola, um ambiente onde aprendemos na prática sobre convivência.

> [...] É no regimento interno de cada escola que são definidas coisas como as que você vivencia todo dia: horários, grade curricular das matérias, forma de avaliação, uso de recursos econômicos etc.
>
> As regras estabelecidas no regimento (assim como todas as demais leis) devem:
>
> 1. ser resultado de muita discussão entre os interessados, antes de sua aprovação;
>
> 2. ser obedecidas por todos, depois de aprovadas;
>
> 3. ser questionadas e alteradas quando não mais forem interessantes para a maioria das pessoas.
>
> É por isso que muitas das coisas que acontecem na sua escola não podem ser mudadas da noite para o dia ou mudadas apenas em uma escola. Elas fazem parte das regras que toda escola deve obedecer.
>
> Para mudá-las é preciso que haja discussão, propostas e argumentos para todos ficarem convencidos de que a mudança é necessária e é para melhor.

As regras da escola, de Edson Gabriel Garcia. Em: *Vivemos juntos*: os direitos e deveres na vida em sociedade. São Paulo: FTD, 2014. p. 33 (Coleção Conversas sobre cidadania).

a. Você concorda com o que acabou de ler nesse texto? Comente sua resposta e ouça as opiniões dos colegas.

b. No primeiro e no segundo parágrafos do texto, foram empregados os dois-pontos. Explique a função de cada uso desse sinal no texto.

_____

_____

_____

c. Você já sabe que a vírgula pode ser usada para enumerar elementos. Releia os itens **1** a **3** no texto e note que eles foram separados com outro sinal de pontuação. Qual sinal foi usado nesse caso?

_____

Além de apresentar as falas de um personagem em um texto, os **dois-pontos** são utilizados para apresentar citações e enumerações.

O **ponto e vírgula** também pode separar elementos em uma enumeração, indicando uma pausa maior que a vírgula e menor que o ponto-final.

Pratique e aprenda

1. Você sabe o que é cidadania? Leia o trecho de um artigo de opinião e descubra.

> ### Direito de ter direitos
>
> Cidadania — uma palavra usada com frequência, mas que poucos entendem o que significa — quer dizer, em essência, a garantia por lei de viver dignamente. É o direito de expressar as próprias ideias; de votar em quem quiser sem nenhum tipo de constrangimento; de processar um médico ou hospital por negligência ou imperícia; de devolver um produto estragado e receber o dinheiro de volta; de não sofrer discriminação por ser negro, índio, homossexual, mulher; de praticar livremente qualquer religião.
>
> [...]

Direito de ter direitos, de Gilberto Dimenstein. Em: *O cidadão de papel*: a infância, a adolescência e os direitos humanos no Brasil. 22. ed. São Paulo: Ática, 2009. p. 13.

a. Agora que você sabe o que é cidadania, explique por que ela é importante para a convivência em sociedade.

b. Esse parágrafo é composto por duas frases. Circule, na segunda frase, os sinais de pontuação empregados.

c. Analise os sinais que você circulou e explique a função deles.

Viver e sobreviver em sociedade

Você já sabe qual palavra resume a ideia de colocar-se no lugar de outra pessoa, não é mesmo? Leia o texto abaixo para entender um pouco mais sobre essa atitude tão importante para as relações humanas.

Colocar-se no lugar do outro: tudo a ver

[...]

Aposto que você vive ouvindo que é preciso aceitar as pessoas diferentes e aprender a conviver em grupo. Que é preciso ter boas maneiras tanto com os mais próximos – na família, na escola – quanto com desconhecidos, no espaço público. Você pode pensar lá no íntimo: "Mais regras?!". (Isso realmente aborrece qualquer um.)

Saiba, no entanto, que é bem mais simples do que parece. As regras de boa convivência podem ser resumidas numa única, maior de todas: colocar-se no lugar do Outro. Sim, você não está sozinho no mundo e nem todos pensam e vivem como você. Diante dessa diversidade de pessoas e jeitos de ser, "vestir a pele do Outro" é uma espécie de passe de mágica para estabelecer e melhorar as relações com o mundo.

[...]

TOLERÂNCIA
RESPEITO
EMPATIA

Colocar-se no lugar do outro: tudo a ver, de Leusa Araujo. Em: *Convivendo em grupo*: Almanaque de sobrevivência em sociedade. Coordenação de Januária Cristina Alves. São Paulo: Moderna, 2015. p. 8 (Coleção Informação e diálogo).

Fotomontagem de Rogério C. Rocha. Fotos: damircudic, Paperkites e zentilia/iStock/Getty Images

a. O que significa "vestir a pele do Outro"?

b. Além de nos colocarmos no lugar das pessoas, por que é importante refletirmos sobre nossas ações e comportamentos?

Produção escrita

Produzir um conto

Nesta unidade, você leu o conto "Moinho de sonhos", em que dois meninos tornaram-se grandes amigos e brincaram e sonharam juntos com o futuro.

Que tal, agora, você escrever um conto? Nele, você vai criar um ou mais personagens e contar uma história sobre amizade ou sobre os sonhos desse(s) personagem(ns). Depois, os textos serão postados no *site* da escola ou no *blog* da turma para que você, seus colegas e toda a comunidade escolar possam lê-los.

Planeje

- Pense em qual será a história que você vai contar. Para isso, escolha o acontecimento central. Lembre-se de que seu texto deve estar relacionado à importância da amizade e dos sonhos.

- Procure ler outros contos para conhecer melhor as características desse gênero e se inspirar em algumas dessas histórias.

Aprenda mais!

As sugestões de leitura a seguir podem ajudar você na sua tarefa de produzir um conto.

Já pensou em poder plantar árvores que dão de tudo? No livro *O pó do crescimento e outros contos*, de Ilan Brenman, você pode conhecer essa e outras histórias surpreendentes.

WMF Martins Fontes/Arquivo da editora

O pó do crescimento e outros contos, de Ilan Brenman. 2. ed. Ilustrações de Cláudia Scatamacchia. São Paulo: WMF Martins Fontes, 2016.

Manole/Arquivo da editora

No livro *Na sombra de todas as árvores*, a autora Fátima Parente narra cinco contos poéticos inspirados em suas experiências da infância. Os cenários das histórias são as sombras de árvores: o tamarindeiro, a mangueira, a goiabeira e o cajueiro.

Na sombra de todas as árvores, de Fátima Parente. Ilustrações de Laurabeatriz. Barueri: Manole, 2014.

- Crie os personagens de seu conto e determine o tempo e o espaço de sua narrativa.

- Escolha quem será o narrador e se ele será um narrador-personagem ou um narrador-observador.

Escreva

Planejado o conto, faça um rascunho em seu caderno. Seu texto deverá ter entre 15 e 30 linhas.

- Escreva-o em parágrafos.

- Use um registro mais formal da língua, evitando utilizar expressões como **aí, daí, né**, salvo em alguma fala de personagem, que poderá ser representada por meio de discurso direto ou discurso indireto.

- Procure utilizar no conto palavras e expressões que indicam passagem de tempo, como **um dia**, **depois disso**, **no outro dia** etc.

- Flexione os verbos de acordo com as palavras às quais se referem.

- Escreva corretamente as palavras e empregue adequadamente as conjunções e os sinais de pontuação que você estudou.

- Elabore um título criativo para o seu conto.

Rubens Tavares

Revise

Finalizado o rascunho do seu conto, verifique se:

- foi narrada uma história sobre amizade ou sonhos;

- há poucos personagens;

- a história se passa em determinado tempo e espaço;

- o registro está mais próximo do formal;

- foram utilizadas palavras e expressões que indicam a passagem do tempo;

- as palavras foram escritas corretamente e o texto está devidamente pontuado;

- o título é adequado ao tema e convidativo à leitura.

Reescreva

Após a revisão do texto, faça uma leitura cuidadosa, verificando se mais algum detalhe precisa ser modificado. Então, reescreva-o em versão definitiva.

Para fazer juntos!

Postagem dos contos

O professor vai promover um momento para que vocês digitem seus contos, editando o texto. Se quiserem, também podem pesquisar imagens para ilustrá-los.

Vocês deverão postar os textos no *site* da escola ou no *blog* da turma. Caso não seja possível, devem enviar os textos para o professor postá-los.

Depois que os contos forem postados, o professor agendará um dia e horário em que vocês acessarão o *site* ou o *blog* e lerão alguns contos dos colegas.

Em seguida, organizem a sala em uma grande roda para que todos possam se ver e comentar sobre os textos que leram: o que acharam, o que mais chamou a atenção, qual foi mais marcante etc.

Divulguem o endereço do *site* ou do *blog* aos familiares e aos colegas da escola e do bairro para que mais pessoas conheçam o trabalho realizado por vocês.

Avalie

Reflita sobre a produção do conto, considerando as seguintes questões.

	Sim	Não
Li outros contos para inspirar a criação do meu?		
Meu conto está relacionado à importância da amizade ou dos sonhos?		
Organizei o conto em parágrafos e apresentei o tempo e o espaço da narrativa?		
Escrevi as palavras corretamente e pontuei o conto adequadamente?		
Revisei o conto atentamente e corrigi os eventuais problemas?		

Aprenda mais!

No livro *A menina dos sonhos de renda*, escrito por Marília Lovatel, você vai conhecer a história de Filó e Marisol, duas rendeiras que tecem, junto com a maior renda do mundo, suas histórias. Além de apresentar temas como família e amizade, esse livro mostra a arte de fazer renda, uma tradição do Nordeste passada de mãe para filha.

A menina dos sonhos de renda, de Marília Lovatel. Ilustrações de Marcella Riani. São Paulo: Moderna, 2016.

Ponto de chegada

Chegamos ao fim da nossa primeira unidade. Vamos revisar os conteúdos estudados nela? Para isso, façam uma roda de conversa e respondam às questões abaixo.

1. O que é um artigo de opinião?

2. Quais são as principais características de um conto?

3. O que você estudou sobre conjunção?

4. O que é um verbete de dicionário?

5. Quais são as partes que compõem um verbete de dicionário?

6. Qual é a semelhança e a diferença no uso da vírgula e do ponto e vírgula no texto?

7. Além de apresentar falas de personagens, qual função os dois-pontos têm em um texto?

Grupo de crianças estudando em uma sala de aula.

2 A arte desperta os sentidos

Onys Films/Orange Studio/
Kaibou Productions/LPPTV/
M6 Fims/Album/Latinstock

Cena do filme *O Pequeno Príncipe*,
direção de Mark Osborne, 2015.

Ponto de partida

1. Descreva o que esta cena representa.

2. Considerando as cores, as expressões dos personagens e o que estão fazendo, que sensações esta cena desperta em você?

3. Você já se emocionou ao ler uma história, assistir a um filme, apreciar uma obra de arte ou contemplar uma escultura?

Lendo um poema

A poesia desperta nossas emoções. Ela pode estar em poemas, canções, pinturas, esculturas, gestos e até em brinquedos, como o pião.

Você já observou o movimento de um pião? Com que ele se parece? O que acontece com suas cores enquanto ele gira? Leia o poema a seguir que trata desse brinquedo.

O pião

A mão firme e ligeira
puxou com força a fieira:
e o pião
fez uma elipse tonta
no ar e fincou a ponta
no chão.

É um pião com sete listas
de cores imprevistas;
porém,
nas suas voltas doidas,
não mostra as cores todas
que tem:

— fica todo cinzento,
no ardente movimento...
E até
parece estar parado,
teso, paralisado,
de pé.

Mas gira. Até que, aos poucos,
em torvelins tão loucos
assim,
já tonto, bamboleia/
e, bambo, cambaleia...
Enfim,

tomba. E, como uma cobra,
corre mole e desdobra
então,
em parábolas lentas,
sete cores violentas,
no chão.

O pião, de Guilherme de Almeida. Em: *Caminho da poesia*. São Paulo: Global, 2006. p. 49 (Antologia de poesias para crianças).

torvelins: redemoinhos

Rivaldo Barbosa

O poema que você leu foi publicado no livro *Caminho da poesia*, que reúne diversos poemas infantis escritos por grandes poetas, como Cecília Meireles, Manuel Bandeira e Mario Quintana. Guilherme de Almeida, o autor de "O pião", viveu entre 1890 e 1969 e, além de poeta, foi advogado, jornalista, tradutor e membro da Academia Brasileira de Letras.

Foto do autor Guilherme de Almeida, em 1968.

Arquivo/Folhapress

Rivaldo Barbosa

Estudando o texto

1. Você já tinha prestado atenção no movimento de um pião? Comente com os colegas e o professor.

2. Explique a maneira como os movimentos do pião são descritos nesse poema.

3. O poema é um gênero organizado em versos, e os versos podem ser agrupados em estrofes.

a. Escreva no espaço abaixo a quantidade de estrofes desse poema.

b. Agora, escreva a quantidade de versos presentes em cada estrofe.

4. Volte ao poema, releia a terceira estrofe e responda às questões a seguir.

a. O que acontece com o pião em relação à cor?

_____

b. E com seu movimento?

_____

c. Essas impressões sobre a cor e o movimento do pião, enquanto ele gira, são reais ou falsas? Por quê?

_____

_____

5. Releia a última estrofe do poema, em que é feita uma comparação.

a. A que o pião é comparado quando está perdendo a força?

_____

b. Quais efeitos essa comparação produz no poema?

_____

_____

6. É comum em poemas a repetição de alguns sons, que, além de reforçar o ritmo do texto, expressam alguns sentidos para o leitor. Releia os versos a seguir, atentando para os destaques nas palavras.

> já **ton**to, **bam**boleia/
>
> e, **bam**bo, **cam**baleia...

Que efeito de sentido essa repetição cria para o leitor?

_____

_____

7. Agora, releia mais dois trechos do poema.

> — fica todo cinzento,
>
> no ardente movimento**...**

> já tonto, bamboleia/
>
> e, bambo, cambaleia**...**

Os sinais de pontuação em destaque nos versos acima são chamados de **reticências**. Marque um **X** na alternativa que indica o sentido que esse sinal de pontuação produz nesses versos.

◯ Indicam que os movimentos do pião continuam.

◯ Indicam que o pião não está mais em movimento.

8. Rima é o som final semelhante entre duas ou mais palavras. Releia a estrofe a seguir.

A mão firme e ligeira
puxou com força a fieira:
e o pião
fez uma elipse tonta
no ar e fincou a ponta
no chão.

Rivaldo Barboza

a. Nessa estrofe, há três combinações de sons que aparecem no final dos versos. Agrupe as palavras que rimam entre si.

b. Que efeito as rimas criam no poema?

◯ Musicalidade.   ◯ Confusão.   ◯ Mistério.

Lendo com expressividade

Como você estudou, o poema "O pião" possui diversos recursos que o tornam mais expressivo. Leia-o em voz alta, prestando atenção ao ritmo e às rimas do poema.

Aprenda mais!

Quer conhecer uma história cheia de poesia? Leia o livro *A caligrafia de Dona Sofia*, de André Neves. Você vai aprender grandes lições com uma simpática senhora que leva uma vida rodeada de poemas.

Paulinas/Arquivo da editora

A caligrafia de Dona Sofia, de André Neves. 2. ed. São Paulo: Paulinas, 2007 (Coleção Estrela).

Estudando a língua

Sujeito e predicado

1. Releia estes versos do poema "O pião".

> e o pião
>
> fez uma elipse tonta

Rivaldo Barboza

a. Nesses versos, afirma-se algo a respeito de quê?

_____

b. O que se declara sobre o brinquedo?

_____

A parte da frase que indica sobre quem ou sobre o que se afirma algo é chamada de **sujeito**.

A parte da frase que indica o que se afirma sobre o sujeito é chamada de **predicado**.

2. Agora, analise abaixo o sujeito e o predicado dos versos lidos.

a. O sujeito está no singular ou no plural? E o verbo?

_____

b. Se o sujeito fosse "os piões", como ficaria o verbo?

_____

O verbo faz parte do predicado e deve concordar com o sujeito em número (singular e plural) e pessoa (1ª, 2ª ou 3ª).

3. Agora, leia o poema a seguir.

A cigarra e a formiga

A cigarra e a formiga,

para não haver mais briga,

resolveram combinar:

A cigarra trabalharia

dia e noite, noite e dia,

só pra formiga cantar.

A cigarra e a formiga, de Kalunga. Em: *Quero-quero*. Ilustrações originais de Simone Matias. São Paulo: FTD, 2009. p. 22.

a. Esse poema reconta uma história muito conhecida. Na história original, o que acontece com a cigarra e a formiga?

b. Qual é o sujeito da forma verbal **resolveram** na primeira estrofe do poema?

_____

c. Qual é o núcleo desse sujeito, isto é, as palavras centrais, as mais importantes do sujeito?

_____

d. E o sujeito da forma verbal **trabalharia**, na segunda estrofe?

_____

e. Qual é o núcleo desse sujeito, isto é, a palavra central, a mais importante do sujeito?

_____

Quando o sujeito possui apenas um núcleo, ele é chamado de **sujeito simples**, como em "a **cigarra**".

Quando o sujeito possui dois ou mais núcleos, ele é chamado de **sujeito composto**, como em "a **cigarra** e a **formiga**".

Quando o sujeito for simples, a flexão do verbo depende de o núcleo estar no singular ou no plural. Quando o sujeito for composto, o verbo sempre deverá ser flexionado no plural.

Pratique e aprenda

1. Leia os títulos de algumas notícias a seguir e responda às questões.

A

Estátuas e esculturas espalhadas contam a história de BH e de Minas Gerais

Estátuas e esculturas espalhadas contam a história de BH e de Minas Gerais. *Estado de Minas*, Belo Horizonte, 3 out. 2015. Guri. Disponível em: <https://www.em.com.br/app/noticia/guri/2015/10/03/interna_guri,693696/estatuas-e-esculturas-espalhadas-contam-a-historia-de-bh-e-de-minas-ge.shtml>. Acesso em: 9 dez. 2017.

B

Crianças recitam poemas de grandes autores em espetáculo teatral no Amapá

Crianças recitam poemas de grandes autores em espetáculo teatral no Amapá, de Carlos Alberto Jr. *G1*, 11 out. 2017. Disponível em: <https://g1.globo.com/ap/amapa/noticia/criancas-recitam-poemas-de-grandes-autores-em-espetaculo-teatral-no-amapa.ghtml>. Acesso em: 9 dez. 2017.

C

Artista cria quadros de políticos como refugiados

Artista cria quadros de políticos como refugiados. *Joca*, São Paulo, Magia de Ler, 13 jun. 2017. Cultura. Disponível em: <https://jornaljoca.com.br/portal/artista-cria-quadros-de-politicos-como-refugiados/>. Acesso em: 9 dez. 2017.

a. Em cada título acima, há uma forma verbal. Sublinhe-as.

b. Qual forma verbal está no singular? Por que ela foi empregada no singular?

_____

_____

_____

c. Quais formas verbais estão no plural? Explique por que elas foram flexionadas no plural.

_____

_____

_____

d. As formas verbais que estão no plural nos títulos acima concordam com o mesmo tipo de sujeito? Explique sua resposta.

_____

_____

_____

Lendo outro poema

Leia o título do poema a seguir e responda: Como será que esse menino consegue carregar água em uma peneira? Como você imagina que ele seja? Do que será que ele gosta? Leia o poema e descubra.

O menino que carregava água na peneira

Tenho um livro sobre águas e meninos.

Gostei mais de um menino que carregava água na peneira.

A mãe disse que carregar água na peneira

Era o mesmo que roubar um vento e sair correndo com ele

para mostrar aos irmãos.

A mãe disse que era o mesmo que catar espinhos na água

O mesmo que criar peixes no bolso.

O menino era ligado em despropósitos.

Quis montar os alicerces de uma casa sobre orvalhos.

A mãe reparou que o menino gostava mais do vazio do

que do cheio.

Falava que os vazios são maiores e até infinitos.

Com o tempo aquele menino que era cismado e esquisito

Porque gostava de carregar água na peneira

alicerces: bases, fundações

Com o tempo descobriu que escrever seria o mesmo que carregar água na peneira.

No escrever o menino viu que era capaz de ser noviça, monge ou mendigo ao mesmo tempo.

O menino aprendeu a usar as palavras.

Viu que podia fazer peraltagens com as palavras.

E começou a fazer peraltagens.

Foi capaz de interromper o voo de um pássaro botando ponto no final da frase.

Foi capaz de modificar a tarde botando uma chuva nela.

O menino fazia prodígios.

Até fez uma pedra dar flor!

A mãe reparava o menino com ternura.

A mãe falou: Meu filho, você vai ser poeta.

Você vai carregar água na peneira a vida toda.

Você vai encher os vazios com as suas peraltagens.

E algumas pessoas vão te amar por seus despropósitos.

O menino que carregava água na peneira, de Manoel de Barros. Em: *Poesia completa*.
São Paulo: Leya, 2013. p. 453-454. © by herdeiros de Manoel de Barros.

peraltagens: travessuras, traquinagens
prodígios: habilidades ou talentos fora do comum

Rivaldo Barboza

Manoel de Barros (1916-2014), o autor do poema que você leu, nasceu em Cuiabá, Mato Grosso, e é considerado um dos maiores poetas brasileiros. Produziu vários livros infantis, como *O fazedor de amanhecer*, *Cantigas por um passarinho à toa*, *Poeminhas pescados numa fala de João* e *Poeminha em língua de brincar*. "O menino que carregava água na peneira" faz parte do livro *Poesia completa*, que reúne todas as produções poéticas do autor.

Foto de Manoel de Barros, em 2006.

Estudando o texto

1. Suas hipóteses sobre como o menino seria foram confirmadas após a leitura do poema? Comente com os colegas.

2. Quais são suas impressões sobre o poema lido? Que relações podemos estabelecer entre esse poema e as ilustrações que o acompanham?

3. O menino do poema fazia peraltagens com as palavras.

a. O que você entende por "fazer peraltagens com as palavras"?

_____

_____

_____

b. Cite as duas peraltagens que ele fez.

_____

_____

_____

c. Que peraltagens você faria com as palavras para mudar uma manhã? E para mudar uma noite?

_____

_____

4. Em sua opinião, por que o menino preferia o vazio ao cheio?

_____

_____

_____

5. O poema revela que, com o tempo, o menino fez uma descoberta.

a. Qual foi essa descoberta?

_____

_____

b. Com base nessa descoberta, responda como o eu poético caracteriza a atividade de escrever.

_____

_____

_____

6. Releia os últimos versos do poema e depois responda às questões.

A mãe falou: Meu filho, você vai ser poeta.
Você vai carregar água na peneira a vida toda.
Você vai encher os vazios com as suas peraltagens.
E algumas pessoas vão te amar por seus despropósitos.

Rivaldo Barboza

a. O que esses versos revelam em relação à opinião inicial da mãe sobre carregar água na peneira? Marque um **X** na alternativa correta.

◯ Revelam que, ao observar o menino, ela continuou achando impossível carregar água na peneira.

◯ Revelam que ela mudou de opinião, pois percebeu que escrevendo o menino poderia ser e fazer o que quisesse.

b. Em sua opinião, que sentido o último verso do poema expressa?

_____

_____

7. Compare o poema "O menino que carregava água na peneira" e o poema "O pião", lido no início desta unidade.

a. De que maneira esses poemas estão dispostos na página?

_____

_____

_____

b. Os dois poemas apresentam rima no final dos versos? Justifique sua resposta citando exemplos.

_____

_____

c. Por que o texto "O menino que carregava água na peneira" pode ser considerado um poema?

_____

_____

_____

Lá vem canção

Agora, você vai ouvir uma canção chamada "Vilarejo", da cantora e compositora Marisa Monte. Repleta de poesia e imagens poéticas, essa canção faz parte do álbum *Infinito Particular*. Ao ouvi-la, tente construir essas imagens e sentir a emoção que elas despertam.

Capa do CD *Infinito Particular*, de Marisa Monte, produzido por Phonomotor Records/EMI, 2006.

Nesta unidade, você leu os poemas "O pião" e "O menino que carregava água na peneira" e viu que ambos são organizados em versos. Agora, você vai ler um poema visual. Observando apenas a imagem formada nesse poema, que assunto você acha que será tratado nele?

A LESSSSSMA PASSSSSSSSA SSSSOBRE A FOLHA E CASSSSTA UM SSSSÉCULO A LER CADA SSSSÍLABA NUM SSSSUSSSSSSSSSURRO.

Vendo poesia, de Leo Cunha. São Paulo: FTD, 2010. p. 13.

O poema visual que você leu faz parte do livro *Vendo poesia*, do poeta Leo Cunha. Nesse livro, letras, palavras e versos são transformados em imagens que se tornam poemas cheios de poesia. Há poema em forma de lua, outro ilustra um pêndulo, um lembra um anúncio classificado de jornal e muitos outros.

Capa do livro *Vendo poesia*, de Leo Cunha.

1. O poema "A lesma" é chamado de poema visual porque suas palavras formam uma imagem. O que essa imagem sugere?

2. Que som é repetido várias vezes no poema? O que ele representa?

_____

3. O poema diz que a lesma passa sobre a folha. Que folha é essa?

_____

_____

4. Em que outro tipo de folha seria mais comum a lesma passar?

_____

5. Em sua opinião, a lesma gasta realmente um século para ler cada sílaba? O que o eu poético quis expressar por meio desse recurso?

_____

_____

6. Que semelhanças e que diferenças existem entre esse poema visual e os poemas lidos nesta unidade?

_____

_____

_____

_____

Palavras: significados e usos

Figuras de linguagem

Comparação

1. Releia um verso do poema "O menino que carregava água na peneira" e responda às questões propostas.

> A mãe disse que carregar água na peneira
> Era **o mesmo que** roubar um vento e sair correndo com ele
> para mostrar aos irmãos.
> A mãe disse que era **o mesmo que** catar espinhos na água
> **O mesmo que** criar peixes no bolso.

a. Qual das palavras abaixo poderia substituir as expressões em destaque sem alterar o sentido dos versos?

◯ Porque.   ◯ Para.   ◯ Como.

b. As expressões em destaque estabelecem entre as ideias dos versos um sentido de:

◯ comparação.   ◯ adição.   ◯ negação.

c. Por que a mãe relacionou a ideia de carregar água na peneira a outras ações?

_____

_____

_____

A aproximação de dois seres ou objetos pelas semelhanças que eles apresentam entre si é uma figura de linguagem chamada de **comparação**. Essa figura é realizada por meio de palavras ou expressões comparativas, por exemplo, **como, tal qual, que nem, o mesmo que**.

Metáfora

1. Leia o poema a seguir e responda às questões.

Menina na janela

A lua é uma gata branca,
mansa,
que descansa entre as nuvens.

O sol é um leão sedento,
mulambento,
que ruge na minha rua.

Eu sou uma menina bela,
na janela,
de um olhar sempre à procura.

Menina na janela, de Sérgio Capparelli. Em: *Restos de arco-íris*. Porto Alegre: L&PM, 2011. p. 35.

a. Nesse poema, a lua e o sol são associados a quais seres respectivamente?

b. O que a lua e o sol têm em comum com os elementos comparados a eles no poema?

c. Foi necessário utilizar alguma expressão comparativa, por exemplo, **o mesmo que** ou **como**, para fazer essas associações?

_____

d. As associações feitas sobre a lua e o sol são comuns, ou seja, são próprias de nossa linguagem do cotidiano? Por quê?

_____

_____

A associação criativa entre dois seres ou objetos devido a alguma característica comum entre eles recebe o nome de **metáfora**. Em metáforas, não se costuma usar palavras ou expressões comparativas.

Aliteração e assonância

1. Leia o poema a seguir e responda às questões.

Eu danço manso, muito manso,
   Não canso e danço,
Danço e venço,
   Manipanso...
      Só não penso...

Quando nasci eu não pensava e era feliz...

Quando nasci eu já dançava,
Dançava a dança da criança,
   Surupango da vingança...

Dança do berço:
   Sim e Não...

Dança do berço:
   Não e sim...
      A vida é assim...
E eu sou assim.

... ela dançava porque tossia...
   Outros dançam de soluçar...
      Eu danço manso a dança do ombro...
      Eu danço... Não sei mais chorar!...

Eu danço, de Mário de Andrade. Ilustrações originais de Ivan Zigg.
Rio de Janeiro: Arte Ensaio, 2001. p. 5-15.

Rivaldo Barboza

manipanso: boneco de origem africana
surupango: dança de roda

a. Qual é a ideia central do poema que você acabou de ler?

_____

_____

b. Observe a posição dos versos do poema e responda se eles estão dispostos alinhadamente ou não.

_____

c. Que relação pode ser estabelecida entre a posição desses versos e a ideia central do poema?

_____

_____

_____

2. Releia o poema em voz alta, atentando ao som das palavras utilizadas nele.

a. Que som consonantal se repete várias vezes nesse poema?

_____

b. A repetição desse som consonantal no poema remete:

◯ ao barulho dos pés deslizando no chão ao dançar.

◯ à posição de quem assiste a um espetáculo de dança.

c. Que sons vocálicos mais se repetem no poema?

_____

A repetição de sons consonantais com o intuito de criar um efeito de sentido é uma figura de linguagem chamada de **aliteração**.

Já a repetição de sons vocálicos constitui uma figura de linguagem chamada de **assonância**.

O uso dessas duas figuras de linguagem é indicado quando o objetivo é apresentar ou reforçar algum efeito de sentido sobre o que se está dizendo.

Como se escreve?

Por que, porque, por quê e porquê

1. Observe as cenas abaixo e responda às questões.

Ilustrações: Waldomiro Neto

a. Na cena **A**, que expressão e que sinal de pontuação indicam que o menino está fazendo uma pergunta?

_____

b. E que palavra inicia a resposta do outro menino?

_____

c. Na cena **B**, que expressão e que sinal de pontuação indicam tratar-se de uma pergunta do menino?

_____

d. Agora, complete as frases a seguir com base nas cenas **A** e **B**.

• O termo **por que** é utilizado no _____ de frases interrogativas.

• O termo **por quê** é empregado no _____ de frases interrogativas.

e. Na cena **B**, que palavra aparece antes da palavra **porquê**?

_____

f. Por quais dos termos abaixo a expressão **um porquê** poderia ser substituída sem alterar o sentido da frase?

◯ Uma razão.　　　　◯ Uma emoção.　　　　◯ Um motivo.

No início de frases interrogativas, usa-se a grafia **por que**, no fim, usa-se **por quê** e, quando empregado sozinho, também usa-se o termo **por quê**.

Nas frases que indicam explicação, resposta, escreve-se **porque**.

A palavra **porquê** é um substantivo e pode ser substituída pelas palavras **razão** ou **motivo**.

Pratique e aprenda

1. Perguntas fazem parte da nossa vida, não é mesmo? Leia o texto a seguir e observe as perguntas e as respostas que aparecem nele.

— **Por que** o pássaro voa?

[...]

— **Porque** toda a família dele tem asas.

— **Por quê**?

— **Porque** nasceram assim! Todo pássaro tem asas.

— **Por que** nasceram assim?

— **Porque**... Porque sim!

[...]

— **Por que** é assim? **Por que** é assado?

Por que tem que ter o **porquê** de tudo?

A pergunta fica no ar.

[...]

Onde os porquês têm resposta, de Rosane Svartman. Ilustrações originais de Fabiana Egrejas. Rio de Janeiro: Zahar, 2010. p. 4; 8.

Sente-se com um colega, copiem no caderno as perguntas e as respostas do texto acima e expliquem a grafia de cada termo em destaque.

Produção oral e escrita

Produzir um poema e declamá-lo em um sarau

Nesta unidade, você leu alguns poemas. Agora, você vai criar um poema para apresentá-lo no sarau da turma, a fim de sensibilizar os espectadores.

Para realizar as atividades, leia as seguintes orientações.

Planeje

- Pense em um tema de sua preferência, refletindo sobre o que gostaria de escrever. Pode ser sobre a infância, a família, os amigos, a escola, relacionamentos, como a amizade, ou sentimentos, como alegria ou saudade.

- Procure ler alguns poemas para conhecer melhor as características desse gênero e se inspirar para a sua produção.

Aprenda mais!

As sugestões abaixo podem ajudar você na tarefa de produzir um poema.

O livro que não queria saber de rimas, de Fernando Nuno, conta, em versos, a história de um livro com vida e vontade próprias. Muito sério, esse livro não queria saber de rima nem de poesia. Mas de repente algo acontece e muda essa história.

O livro que não queria saber de rimas, de Fernando Nuno. Ilustrações de Chris Eich. São Paulo: Companhia das Letrinhas, 2016.

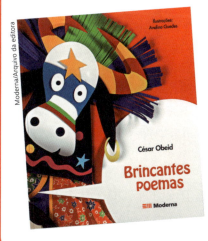

Qual é a sua brincadeira favorita? O livro *Brincantes poemas*, do autor César Obeid, é composto por poemas criados a partir de várias brincadeiras. Divirta-se e descubra novas formas de brincar com muita poesia e aproveite para conhecer o que são os limeriques, as rimas, parelha, vilanela etc.

Brincantes poemas, de César Obeid. Ilustrações de Avelino Guedes. São Paulo: Moderna, 2011.

Escreva

Depois de planejar, é hora de escrever o poema. Confira as orientações a seguir.

- Escreva seu poema em versos, organizados em estrofes. Procure não escrever um poema muito longo.

- Os versos de seu poema deverão ser livres, como os versos do poema "O menino que carregava água na peneira", ou seja, eles podem não ter o mesmo tamanho nem necessariamente ter rimas.

- Procure utilizar uma linguagem mais subjetiva, poética. Para isso, se possível, empregue as figuras de linguagem estudadas nesta unidade.

- Dependendo do tema que escolheu, estabeleça qual registro da língua vai utilizar: formal ou informal.

- Fique atento ao uso dos sinais de pontuação, à escrita das palavras e à relação de concordância entre o sujeito e o predicado.

- Escreva um título bem criativo para o seu poema.

Revise

Terminada a primeira versão do seu poema, com a ajuda do professor, verifique se:

- ele apresenta título, está escrito em versos e se as estrofes estão bem marcadas;

- os versos são livres, ou seja, de tamanhos diferentes sem necessariamente ter rimas;

- a linguagem utilizada é mais subjetiva, poética, e o registro empregado condiz com o tema escolhido;

- os sinais de pontuação foram utilizados adequadamente e as palavras usadas estão escritas corretamente. Se necessário, consulte um dicionário.

Reescreva

Assim que terminar de verificar o que precisa ser melhorado ou adequado em seu poema, reescreva-o. Por fim, confira se colocou título nele e releia-o algumas vezes até a data do sarau.

Para fazer **juntos!**

Sarau

Depois que todos finalizarem suas produções, o professor vai marcar a data do sarau em que os poemas serão apresentados.

Elaborem convites e entreguem-nos a seus familiares e amigos para que eles prestigiem o evento.

Antes do sarau, definam a ordem e o tempo das apresentações. Caso seja necessário preparar um cenário ou figurino, e caso vocês queiram utilizar um fundo musical ou algum objeto, providencie-os com antecedência.

Sarau é um evento artístico que pode reunir dança, literatura, música, artes plásticas, entre outras artes.

Na data marcada, organizem o espaço com tapetes e almofadas para que fique bem aconchegante e verifiquem se os aparelhos eletrônicos estão funcionando.

Na hora de se apresentar, recitem os versos com calma, devagar e utilizem um tom de voz adequado. A linguagem corporal também é um recurso muito importante nesse tipo de apresentação, por isso usem gestos e expressões faciais para transmitir mais emoção.

Avalie

Terminada toda a produção, avalie seu desempenho de acordo com os questionamentos abaixo.

	Sim	Não
Escolhi um tema de meu agrado e fiz uma pesquisa antes de produzir meu texto?		
Escrevi um poema de acordo com as orientações da seção?		
Auxiliei na organização do sarau da turma?		

Que curioso!

A poesia da vida

O texto a seguir fala de poesia: não a poesia das pinturas ou poemas, mas aquela presente em ações e sensações do nosso dia a dia.

[...]

Um sorvete, uma bola de futebol ou outro brinquedo, um bolo de aniversário, uma flor, uma folha ou um fruto podem ser vistos, tocados, cheirados ou experimentados. Uma cachoeira pode ser ouvida, vista ou tocada. Se a água for potável, pode ser também experimentada. Não pode? Ah! Mas se a água for de uma fonte, limpinha, que a gente vê brotar da terra, a poesia aumenta. Todas estas coisas falam também à nossa sensibilidade, mexem com nossos sentimentos, com nossas emoções. Então, têm também um tanto da poesia da vida.

Haverá coisa mais poética do que o nascimento de uma criança ou uma planta brotando, uma rosa se abrindo? E o que falam os namorados, muitas vezes sem usar palavras, não é pura poesia?

[...]

A poesia da realidade, de Elias José. Em: *A poesia pede passagem*: um guia para levar a poesia às escolas. Ilustrações de Ana Elisa Leite Ribeiro. São Paulo: Paulus, 2003. p. 12.

LuisPortugal/iStock/Getty Images

Ponto de chegada

Respondam oralmente às questões abaixo para revisar os conteúdos desta unidade.

1. Quais são as características de um poema? E de um poema visual?

2. Em um contexto formal, o que é preciso observar quanto à relação entre o sujeito e o predicado?

3. Qual é a diferença entre um sujeito simples e um composto?

4. O que você estudou sobre as figuras de linguagem?

5. Em que situações são utilizadas as grafias: **por que**, **porque**, **por quê** e **porquê**?

3 Paz para o mundo

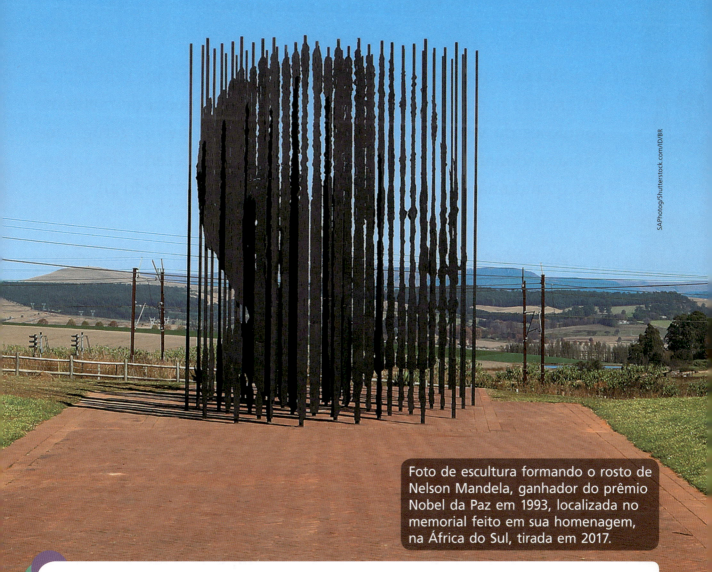

SAPhotog/Shutterstock.com/ID/BR

Foto de escultura formando o rosto de Nelson Mandela, ganhador do prêmio Nobel da Paz em 1993, localizada no memorial feito em sua homenagem, na África do Sul, tirada em 2017.

Ponto de partida

1. Que impressões você teve ao observar essa escultura?

2. Nelson Mandela foi uma das pessoas que mais lutou pela igualdade racial e pela propagação da paz no mundo. Em sua opinião, qual foi a importância dessa conduta?

Lendo uma reportagem

A reportagem a seguir trata de um assunto muito relevante nos nossos dias. Inicialmente, lendo apenas o título dela, tente responder à pergunta que está sendo feita. Pense em quem poderia ser considerado um refugiado. Por que alguém vive como refugiado? Depois de refletir sobre isso, leia o texto e conheça quem são essas pessoas.

Quem são os refugiados?

Decisão difícil

Quando usamos a palavra refugiados estamos nos referindo a imigrantes que fogem dos países de origem em busca de melhores condições de vida. Mas é importante lembrar que os refugiados não abandonam o local onde nasceram porque querem. Eles fazem isso quando não há mais condições de continuar vivendo ali.

Motivos variados

As razões para que os refugiados abandonem o país onde viviam são variadas. Pode ser por causa de guerras, como a da Síria, ou por questões culturais — caso da Nigéria, onde uma lei proíbe que as pessoas sejam homossexuais.

Por que o Brasil?

Muitos vêm para cá porque nosso país conta com uma política amigável para receber refugiados. O Brasil aceita a vinda dessas pessoas e dá acesso a documentos e serviços prestados pelo governo.

Entre os muitos refugiados que decidem viver no Brasil, os que vêm em maior número são os da Síria (por causa da guerra), Angola e República Democrática do Congo (devido a violações dos direitos humanos), e Palestina (há um conflito constante na região contra Israel). De acordo com o CONARE (Comitê Nacional para os Refugiados), o Brasil tem cerca de 9 mil refugiados reconhecidos de quase 80 nacionalidades diferentes.

Em território brasileiro

O principal local escolhido pelos refugiados que chegam ao Brasil é o estado de São Paulo, principalmente a capital. É assim por causa da facilidade de acesso e da maior concentração de locais que ajudam essas pessoas. O segundo lugar que mais acolhe esse tipo de imigrante é o Acre. Muitos haitianos e venezuelanos chegam a esse estado da região Norte por terra.

Vida nada fácil!

Apesar de poderem permanecer em nosso país, muitos refugiados não encontram boas condições por aqui. O Brasil não tem políticas que façam a integração do imigrante com a sociedade. Assim, surgem desafios como o idioma e o preconceito. Muitas vezes, os refugiados são tratados como se fossem foragidos. Aí, não conseguem emprego.

Ajuda on-line

Um dos projetos que ajuda refugiados na cidade de São Paulo é o **Conectados.cc:** pelo *site*, qualquer pessoa pode encontrar serviços, como cursos, oferecidos por refugiados que chegam ao nosso país. Há aulas de francês com senegaleses, artesanato com colombianos e até cursos de culinária típica de diversos países. Espalhe essa ideia!

Consultoria: Juliana Barsi (coidealizadora do projeto Conectados e cofundadora e diretora executiva da Associação Bela Rua). Fonte: Agência da ONU para Refugiados.

Quem são os refugiados? *Recreio*, São Paulo, Caras/Abril Comunicações S/A, 10 out. 2017. Disponível em: <http://recreio.uol.com.br/noticias/noticias/quem-sao-os-refugiados.phtml#.WeYHHo9SwdU>. Acesso em: 27 dez. 2017.

Natanaele Bilmaia

A reportagem que você leu foi publicada na revista *Recreio*. Nas versões impressa e também digital, essa revista publica reportagens, curiosidades, atividades educativas, materiais para pesquisas e atividades divertidas, especialmente pensadas para informar e divertir a garotada.

Disponível em: <http://recreio.uol.com.br>. Acesso em: 27 dez. 2017

Página inicial do *site* da revista *Recreio*.

Estudando o texto

1. Após a leitura, as suas hipóteses sobre quem são e como vivem os refugiados se confirmaram? Converse sobre isso com os colegas.

2. Releia o trecho a seguir para responder às questões.

> Muitas vezes os refugiados são tratados como se fossem foragidos.

a. Procure no dicionário e escreva a seguir o significado da palavra **foragido**.

_____

_____

_____

b. Com base na leitura do texto, o que significa ser tratado como um foragido?

_____

_____

_____

c. Por quais motivos os refugiados abandonam o local onde nasceram?

_____

_____

3. Em sua opinião, em que situação um país passa a ser considerado sem condições de vida para seus habitantes?

_____

_____

4. Por que, segundo a reportagem, muitos refugiados escolhem o Brasil?

_____

_____

_____

5. No mapa abaixo, marque um **X** nos principais estados brasileiros escolhidos pelos refugiados.

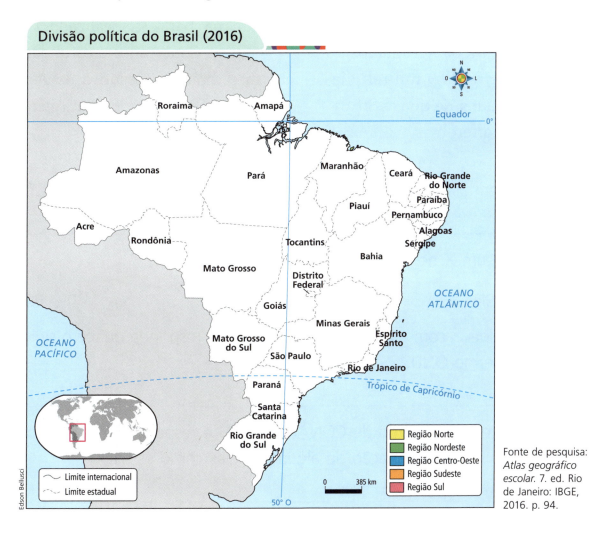

Divisão política do Brasil (2016)

Fonte de pesquisa: _Atlas geográfico escolar_. 7. ed. Rio de Janeiro: IBGE, 2016. p. 94.

● Agora, com a orientação do professor, pinte os estados com as respectivas cores da legenda.

6. Apesar de poder permanecer em nosso país, que dificuldades os refugiados encontram aqui?

_____

_____

_____

7. Qual é a importância de projetos como o Conectados.cc?

_____

_____

8. Releia os trechos a seguir.

De acordo com o CONARE (Comitê Nacional para os Refugiados), o Brasil tem cerca de 9 mil refugiados reconhecidos de quase 80 nacionalidades diferentes.

Juliana Barsi (coidealizadora do projeto Conectados e cofundadora e diretora executiva da Associação Bela Rua). Fonte: Agência da ONU para Refugiados.

a. Quais termos desses trechos são escritos com todas as letras maiúsculas?

_____

b. Marque um **X** no nome que esses termos recebem.

◯ Siglas.   ◯ Verbos.   ◯ Conjunções.

c. Troque ideias com os colegas e o professor e responda qual é o significado do termo ONU.

_____

d. Compare o significado de CONARE e ONU e responda: o que é possível concluir sobre a formação de algumas siglas como essas?

_____

_____

_____

9. Releia o boxe apresentado após a reportagem e responda em qual suporte ela foi publicada e a quais leitores ela se destina.

_____

_____

10. Uma reportagem deve apresentar fatos reais, mas também pode trazer a opinião do responsável pela matéria ou de pessoas envolvidas. Sublinhe de verde, no trecho abaixo, o que é fato e, de amarelo, a opinião da revista.

> Apesar de poderem permanecer em nosso país, muitos refugiados não encontram boas condições por aqui. O Brasil não tem políticas que façam a integração do imigrante com a sociedade.

11. Releia o trecho a seguir para responder à questão.

> De acordo com o CONARE (Comitê Nacional para os Refugiados), o Brasil tem cerca de 9 mil refugiados reconhecidos de quase 80 nacionalidades diferentes.

Observe que nesse trecho foi empregado um dado estatístico de um órgão especializado. Que importância isso tem para a reportagem?

_____

12. Uma reportagem costuma ser dividida em blocos de textos que são introduzidos por intertítulos.

a. Quais são os intertítulos dessa reportagem?

_____

_____

b. Que função eles exercem na reportagem?

_____

_____

Comparando textos

Na reportagem "Quem são os refugiados?", você pôde se informar sobre as pessoas que estão nessa condição. Leia agora um anúncio de propaganda que também trata desse assunto.

Calce os sapatos dos refugiados, de ACNUR, 2011.

1. Ao recomendar: "Vamos calçar os sapatos dos refugiados e dar o primeiro passo para entender sua situação", o anúncio propõe que:

○ as pessoas se coloquem no lugar dos refugiados para entender pelo que eles passam.

○ as pessoas doem sapatos aos refugiados a fim de que eles sofram menos.

2. Os objetivos da reportagem lida e desse anúncio de propaganda são semelhantes ou distintos? Justifique sua resposta.

_____

_____

_____

_____

Estudando a língua

Pronomes pessoais

1. Releia a seguir o primeiro parágrafo da reportagem "Quem são os refugiados".

> Quando usamos a palavra refugiados, estamos **nos** referindo a imigrantes que fogem dos países de origem em busca de melhores condições de vida. Mas é importante lembrar que os refugiados não abandonam o local onde nasceram porque querem. **Eles** fazem isso quando não há mais condições de continuar vivendo ali.

a. Analise a palavra **nos**, destacada nesse parágrafo, e responda a quem essa palavra se refere.

_____

_____

b. Nesse caso, a palavra **nos** indica:

◯ a pessoa que fala na reportagem mais outras pessoas.

◯ a pessoa com quem se fala na reportagem.

◯ as pessoas sobre quem se fala na reportagem.

c. A palavra **eles**, que está em destaque no trecho, se refere a quem?

_____

d. A palavra **eles**, nesse caso, indica:

◯ a pessoa que fala na reportagem mais outras pessoas.

◯ a pessoa com quem se fala na reportagem.

◯ as pessoas sobre quem se fala na reportagem.

2. Leia a tirinha a seguir e responda às questões.

O melhor de Hagar, o horrível, 6, de Dik Browne e Chris Browne. Porto Alegre: L&PM, 2011. p. 90.

a. Que integrante da família não está presente à mesa de jantar?

_____

b. Marque um **X** na alternativa que apresenta qual característica do cachorro Snert faz Helga, a mãe das crianças, lembrar-se do marido.

○ O fato de ele comer no chão.

○ O modo como ele derruba os alimentos ao comer.

○ Os barulhos que ele faz para comer.

c. Que situação causa humor nessa tirinha?

_____

_____

d. As falas dessa tirinha pertencem a que personagem?

_____

e. A palavra **conosco**, usada na primeira fala, faz referência a quem?

_____

f. Já a palavra **me**, usada na segunda fala, se refere a quem?

_____

As palavras que se referem às pessoas do discurso — quem fala, com quem se fala e sobre quem se fala —, substituindo-as, são classificadas como **pronomes pessoais**.

Veja abaixo os pronomes pessoais referentes às pessoas do discurso.

Pessoa do discurso	Pronomes pessoais	
	Singular	Plural
1ª (quem fala)	eu me, mim, comigo	nós nos, conosco
2ª (com quem se fala)	tu te, ti, contigo você se, si, consigo o, a, lhe	vós vos, convosco vocês se, si, consigo os, as, lhes
3ª (sobre quem se fala)	ele, ela se, si, consigo o, a, lhe	eles, elas se, si, consigo os, as, lhes

Pratique e aprenda

1. Leia a tirinha a seguir e responda às questões.

Calvin e Haroldo: o livro do décimo aniversário, de Bill Watterson. Tradução de Alexandre Boide. São Paulo: Conrad, 2013. p. 103.

Ao falar com as flores, Calvin refere-se a si mesmo várias vezes, acreditando ter o controle sobre a vida delas.

a. Quais pronomes pessoais Calvin utilizou para se referir a si mesmo?

_____

b. A que pessoa do discurso esses pronomes se referem?

_____

c. Releia o segundo e o terceiro quadrinhos da tirinha e responda que efeito a repetição e os destaques dos pronomes **eu** e **mim** provocam na fala de Calvin.

_____

_____

_____

d. Que outra palavra foi empregada com destaque no segundo quadrinho que também se refere a Calvin?

_____

e. Nos três primeiros quadrinhos, para se referir às flores, que pronome Calvin utilizou?

_____

f. A que pessoa do discurso esse pronome se refere?

_____

g. Em sua opinião, por que Calvin afirmou que a vida das flores estava nas mãos dele?

_____

_____

_____

h. Que sentimento Calvin demonstrou no último quadrinho? Por que ele se sentiu assim?

_____

_____

_____

_____

2. Leia o poema a seguir e responda às questões.

Minha sombra

Minha sombra
Me assombra.

Eu dou um pulo,
E ela para no ar.

Eu subo em árvore,
Ela desce escada.

Eu ando a cavalo,
Ela segue a pé.

Eu vou à festa!
Oba, vou nessa!

Minha sombra, de Sérgio Capparelli.
Em: *Minha sombra*. Ilustrações originais
de Francisco Baldini. 4. ed. Porto
Alegre: L&PM, 2006. p. 4.

Rivaldo Barboza

a. Por que o eu poético afirma que sua sombra o assombra?

_____

_____

_____

b. Que efeito a leitura rápida dos dois primeiros versos do poema produz? Explique sua resposta.

_____

_____

c. Quando a sombra decide seguir o eu poético? Copie o verso que justifica a sua resposta.

_____

_____

d. Circule os pronomes pessoais que o eu poético utiliza para se referir a si mesmo em todo o poema.

e. Sublinhe os pronomes pessoais usados para se referir à sombra em todo o poema.

Lendo uma biografia

Você gosta de ir à escola? Sabia que muitas crianças não têm essa oportunidade? Já ouviu o nome Malala Yousafzai? O que será que ela fez de tão importante para merecer uma biografia? Conheça a história dela.

---

http://www.ikmr.org.br/malala-yousafzai-biografia/

Malala Yousafzai: Biografia

"Uma criança, um professor, um livro e
uma caneta podem mudar o mundo."

Malala nasceu em 12 de julho de 1997, em Mingora, a maior cidade do Vale do Swat, região montanhosa e tribal ao noroeste do Paquistão e próxima à fronteira com o Afeganistão. A situação geral da educação no país é de extrema precariedade e, segundo a Organização das Nações Unidas para a Educação, a Ciência e a Cultura (Unesco), o país tem mais de cinco milhões de menores entre cinco e 11 anos que não frequentam a escola, sendo que duas em cada três crianças são meninas. O Paquistão ocupa o terceiro pior posto no índice mundial relativo à igualdade dos sexos no sistema educacional. Na província onde Malala vivia, Khyber Pakhtunkhwa, a taxa de analfabetismo entre as mulheres é superior a 60%.

Malala e seu pai, em Nova York, Estados Unidos, 2015.

O pai de Malala, Zia-ud-Din Yousafzai, sempre foi um defensor da educação e transmitiu essa paixão à filha. Segundo amigos, o educador e dono de uma escola mista de ensino médio costumava dizer que, se fosse assassinado por educar crianças, "não haveria forma melhor de morrer".

Pai e filha têm uma relação especial. Era com ela que Yousafzai discutia política, enquanto os outros dois filhos iam dormir. A luta para educar a menina e manter sua escola começou em 2007, quando o Tehrik-i-Taliban (braço paquistanês do Talibã) infiltrou-se em Mingora e, a partir de então, destruiu mais de 400 escolas, baniu as mulheres da vida social, proibindo-lhes o acesso à educação, e aterrorizou a população com execuções públicas e ameaças transmitidas por rádios clandestinas.

Malala mudava o caminho para a escola todos os dias, escondia os livros sob a roupa e não usava mais o uniforme para não chamar a atenção. Em 2009, encorajada por seu pai, começou a escrever o *blog* "Diário de uma estudante paquistanesa" para a BBC urdu, com o pseudônimo Gul Makai, sobre as dificuldades que enfrentava no Vale do Swat sob a égide do Talibã. Sua identidade real tornou-se conhecida através do documentário produzido pelo *The New York Times* no mesmo ano, "Class Dismissed".

Àquela altura, Malala já havia se tornado um ícone para as meninas da região por defender a educação feminina e criticar abertamente o Talibã, algo que nem os políticos paquistaneses faziam por medo. Malala ganhou prêmios e conseguiu das autoridades melhorias para as escolas da região. Em dezembro de 2011, recebeu do primeiro-ministro Yousaf Paza Gilano o Prêmio Nacional da Paz — rebatizado com seu nome, assim como o colégio onde estudava. Na cerimônia, revelou o desejo de formar um partido político para defender a educação.

Malala, aos 17 anos, recebendo o Prêmio Nobel da Paz, na Noruega, em 2014.

Matt Dunham/AP Photo/Glow Images

pseudônimo: nome diferente adotado por um escritor

urdu: língua do Paquistão

Em outubro de 2012, homens armados entraram no ônibus escolar onde viajava e perguntaram por Malala. Quando uma colega de classe apontou para ela, um homem armado atirou em sua cabeça e a bala atravessou o pescoço, instalando-se no ombro. Os tiros também feriram outras meninas que estavam no ônibus. Malala foi levada para a Inglaterra, onde fez uma operação para reconstruir o crânio e restaurar a audição no Queen Elizabeth Hospital.

Recuperada, hoje mora com a família em Birmingham, onde estuda em um colégio só para meninas e seu pai já foi empregado pelo consulado paquistanês para os próximos três anos.

Desde o atentado, Malala foi homenageada com diversos prêmios e é a pessoa mais jovem a ser indicada para o Prêmio Nobel da Paz.

[...]

Em 12 de julho de 2013, Malala fez o primeiro discurso público desde o atentado, durante a reunião dos jovens líderes na Assembleia Geral da ONU, em Nova York. A data coincidiu com o seu aniversário de 16 anos e foi oficializada pelo secretário-geral da ONU, Ban Ki-moon, como o "Dia Malala", em homenagem aos seus esforços para garantir educação para todos. A jovem paquistanesa também entregou a Ban Ki-moon uma petição com quatro milhões de assinaturas que apela à ONU para que se concretize o objetivo de uma educação gratuita e universal para todas as crianças até 2015, num momento em que cerca de 57 milhões de menores em todo o mundo permanecem sem acesso à educação básica.

Malala Yousafzai: Biografia. *IKMR*. Disponível em: <http://www.ikmr.org.br/malala-yousafzai-biografia/>. Acesso em: 27 dez. 2017.

A biografia que você leu foi publicada no *site IKMR*, instituição brasileira não governamental criada em 2012, cujo objetivo é garantir a proteção dos direitos de cada criança que pede refúgio ou está refugiada em nosso país.

Disponível em: <www.ikmr.org.br>. Acesso em: 27 dez. 2017.

Página inicial do *site IKMR*.

Estudando o texto

1. Suas hipóteses sobre quem seria Malala foram confirmadas após a leitura do texto? Converse sobre isso com os colegas e o professor.

2. De acordo com o texto, qual era a situação da educação no país de Malala?

_____

3. Em relação à igualdade entre homens e mulheres no sistema educacional, o Paquistão:

○ ocupa o terceiro lugar no índice mundial.

○ ocupa um dos últimos lugares no índice mundial.

4. Releia o trecho abaixo.

Na província onde Malala vivia, Khyber Pakhtunkhwa, a taxa de analfabetismo entre as mulheres é superior a 60%.

De acordo com esse trecho, é possível concluir que:

○ onde Malala vivia mais da metade das mulheres era analfabeta.

○ onde Malala vivia menos da metade das mulheres era analfabeta.

5. Releia o trecho abaixo.

> A luta para educar a menina e manter sua escola começou em 2007, quando o Tehrik-i-Taliban (braço paquistanês do Talibã) infiltrou-se em Mingora e, a partir de então, destruiu mais de 400 escolas, baniu as mulheres da vida social, proibindo-lhes o acesso à educação.

a. Por que Zia-ud-Din Yousafzai teve que lutar para manter sua escola?

_____

_____

_____

b. Em sua opinião, por que o pai de Malala insistiu na educação da menina mesmo com tantas adversidades?

_____

_____

_____

_____

6. Pinte a situação que representa o que Malala começou a fazer a partir do encorajamento dado por seu pai.

Ilustrações: Waldomiro Neto

7. Assim como Malala, várias pessoas no mundo sofrem atentados devido a diversos fatores, como a sua religião, etnia, gênero ou mesmo opinião divergente do governo. O que você pensa sobre isso?

_____

_____

_____

_____

8. O texto lido trata-se de uma **biografia**, gênero textual em que uma pessoa relata os acontecimentos da vida de outra pessoa.

a. Por que a vida de Malala mereceu ser biografada?

_____

_____

_____

b. Nesse gênero textual, os fatos costumam ser apresentados em ordem cronológica. Em sua opinião, por que eles são relatados dessa maneira?

_____

_____

_____

9. Abaixo do título há uma **epígrafe**, texto que serve de introdução para o que vai ser dito.

a. Copie a epígrafe utilizada na biografia.

_____

_____

b. Que relação há entre essa epígrafe e o que foi apresentado no texto?

_____

_____

_____

Comparando textos

Nesta unidade, você leu uma reportagem sobre os refugiados que procuram abrigo em nosso país e uma biografia sobre a corajosa menina paquistanesa Malala Yousafzai.

Agora, leia o título da entrevista abaixo. De que forma você imagina que a gentileza está sendo espalhada pelo Brasil?

http://www.hypeness.com.br/2014/08/entrevista-hypeness-o-projeto-que...

Entrevista Hypeness: o projeto que está espalhando gentileza pelas cidades do Brasil

[...]

"Já imaginou você parar no semáforo e aparecer alguém para te oferecer um coração? E esse coração ser de graça, apenas desejando um sorriso em troca?". É isso que a Doe Sentimentos tem feito por várias cidades do país, desafiando as pessoas a refletir sobre a importância da gentileza e aquilo que ela nos oferece de volta. [...]

O Hypeness foi falar com os organizadores e descobriu mais sobre o projeto:

Hypeness (H) — Qual o poder da gentileza? O que ela pode fazer por nós?

Doe Sentimentos (DS) — Quando você é gentil, você faz pelo outro aquilo que você gostaria que fizessem por você. É uma atitude nobre e de reciprocidade: Quando sou gentil com o outro, estou sendo gentil comigo. É uma maneira de tornar tudo a nossa volta melhor, mais fácil. Se eu sou gentil com alguém e ele não é comigo, não tem problema! A gentileza também tem o poder de gerar reflexão. Gentileza é uma atitude que se ensina e se aprende ao mesmo tempo.

Corações confeccionados pelos participantes do projeto Doe Sentimentos, Sergipe, 2014.

H — Falta gentileza no nosso cotidiano ou as pessoas estão aprendendo a pensar mais nos outros e nas pequenas coisas?

DS — Não é que falta gentileza. Ser gentil é algo que se aprende de berço, com exemplos, e em todos os lugares. Desde pequenos ouvimos a frase: "não fale com estranhos", e levamos ela muito a sério. Tamanha seriedade que crescemos sem falar com ninguém a ponto de precisarmos reaprender a ser gentis. Se crescemos num ambiente gentil, a gentileza se torna um hábito.

H — Por que decidiram oferecer um coração?

DS — O coração foi escolhido por ser um símbolo universal. Qualquer pessoa que vê um coração sabe que ele representa o amor, bondade, bons sentimentos. O coração também é um formato que pode ser reproduzido de diferentes formas: costura, crochê, *origami*, recorte e colagem, argila! Já recebemos corações de muitos materiais diferentes e feitos de maneiras muito criativas!

H — Qual a reação das pessoas que o recebem? Como tem sido o *feedback* às ações?

DS — Quem recebe fica surpreso! Muitos querem pagar com dinheiro, mas nossa resposta é que o pagamento é um sorriso! E recebemos muitos em troca do coração e um bom-dia. Junto com os corações entregamos um cartão com informações sobre a ação. Muitas pessoas que receberam hoje estão participando conosco, seja confeccionando ou distribuindo nos semáforos. Nas redes sociais, recebemos mensagens de pessoas que foram surpreendidas pelas ruas. Elas escrevem agradecendo, que adoraram a experiência. Também já recebemos relatos de pessoas que não estavam tendo um dia tão bom, e o coração junto com as palavras de bom-dia vindas de um estranho fizeram a diferença e trouxeram esperança.

[...]

Entrevista Hypeness: o projeto que está espalhando gentileza pelas cidades do Brasil, de João Diogo Correia. *Hypeness*. Disponível em: <http://www.hypeness.com.br/2014/08/entrevista-hypeness-o-projeto-que-esta-espalhando-gentileza-pelas-cidades-do-brasil/>. Acesso em: 27 dez. 2017.

1. O que você achou do modo como a gentileza tem sido espalhada pelo Brasil por meio desse projeto?

2. Marque um **X** na alternativa que indica a mensagem dessa entrevista.

◯ A entrevista expressa a mensagem de que as pessoas devem prestar atenção ao trânsito das grandes cidades.

◯ A entrevista expressa a mensagem de que devemos ser mais gentis com as pessoas, para tornar o que está à nossa volta melhor.

3. Segundo o projeto Doe Sentimentos, de que forma as pessoas aprendem a ser gentis?

_____

_____

4. Qual foi o símbolo escolhido pelo projeto para representar a gentileza? Por que esse símbolo foi escolhido?

_____

_____

_____

5. O que esse texto tem em comum com os textos "Quem são os refugiados?" e "Malala Yousafzai: Biografia"?

_____

_____

_____

6. Em sua opinião, por que é importante expor atitudes como as das pessoas apresentadas nos textos que você leu nesta unidade?

_____

_____

_____

_____

Palavras: significados e usos

Texto falado e texto escrito

Nesta unidade, você leu uma entrevista com os organizadores de uma instituição que promove a gentileza. Uma entrevista costuma ser um texto falado que, muitas vezes, é adaptado para a escrita. Quando isso acontece, ele sofre algumas alterações. Você imagina que alterações um texto falado pode sofrer ao ser transcrito?

1. Leia a seguir o trecho de uma entrevista sobre cinema, feita oralmente.

LOC. — Vocês, vocês, vocês querem que eu fale de, de cinema pra começar [...]

DOC. — Eh, assim dê sua opinião por exemplo.

LOC. — Bom, eu acho o seguinte: eu acho que cinema é o que todo mundo acha que é uma diversão, eu acho que não deixa de ser uma diversão mas também é muita arte, quer dizer, quando o, o para exemplificar, se existe uma comédia banal assim água com açúcar e, e geralmente o grande público gosta, não é, não é querer ser diferente não mas se ela não diz, se ela não dá al... algo de arte, algo, algumas tomadas, a inter... própria interpretação, enfim, o colorido e tudo, se ela é apenas uma rotina, um lugar comum, isso já não me agrada muito por mais gozado que seja porque cinema hoje em dia, pela técnica e pelo que eles levam tanto a sério, eu acho que é uma, uma, como diz mesmo, diz uma sétima arte, entendeu? Eh, triste, o filme triste, o filme alegre, o filme monótono, nada disso tem muita importância pra mim. O importante é que ele dê algo de, de artístico, não só na parte técnica de, de tomada de cena como na parte de colorido ou na parte de interpretação [...]

Mega Pixel/Shutterstock.com/ID/BR

Diálogos entre informante e documentador. Inquérito 0085. *PROJETO NURC-RJ*. Disponível em: <http://www.letras.ufrj.br/nurc-rj/>. Acesso em: 4 jan. 2018.

a. Que impressões você teve ao ler esse texto?

b. Esse texto foi transcrito exatamente da maneira como foi falado, por isso foram mantidas algumas características da fala espontânea. Associe essas características aos trechos reproduzidos a seguir.

A Repetição. **C** Correção. **E** Indecisão.

B Redução. **D** Pausa. **F** Marca conversacional.

○ "entendeu?"

○ "se ela não dá al... algo"

○ "Bom, eu acho o seguinte"

○ "Eh, triste, o filme triste"

○ "Vocês, vocês, vocês"

○ "como diz mesmo"

○ "pra"

○ "de, de"

2. Observe agora como seria uma adaptação do início dessa entrevista para ser publicada em um jornal de grande circulação.

LOC. — Vocês querem que eu fale de cinema para começar?

DOC. — Sim, qual é a sua opinião?

LOC. — Eu acho que cinema é o que todo mundo acha que é: uma diversão. Mas também é muita arte. Por exemplo, quando existe uma comédia banal, assim água com açúcar, e, geralmente o grande público gosta, não que eu esteja querendo ser diferente, mas se ela não apresenta algo de arte (as tomadas, a interpretação, o colorido), se é apenas uma rotina, um lugar comum, já não me agrada muito, por mais engraçada que seja. Isso porque cinema hoje em dia, pela técnica e pelo que se leva tanto a sério, é uma sétima arte.

Denis Rozhnovsky/
Shutterstock.com/ID/BR

a. Agora que você conheceu uma adaptação do texto oral para o escrito, leia as informações a seguir e marque **V** para as verdadeiras e **F** para as falsas.

◯ O texto foi segmentado e organizado em frases um pouco mais curtas.

◯ As frases do texto permaneceram extensas e com excesso de informação.

◯ As repetições foram mantidas.

◯ Foram eliminadas as repetições desnecessárias.

◯ As partes que demonstravam indecisão foram eliminadas.

◯ Não foram empregadas palavras reduzidas.

◯ Muitas palavras foram reduzidas.

◯ O ritmo da leitura foi melhorado com a eliminação de repetições e pausas, como **al... algo**.

◯ As pausas foram mantidas.

◯ Marcas conversacionais, como **bom**, foram suprimidas.

◯ Foram inseridas mais marcas conversacionais.

b. Compare mais uma vez os dois textos. As ideias centrais das falas do entrevistado e do entrevistador foram mantidas ou foram alteradas?

_____

• Por que isso é importante em uma adaptação de um texto oral para o escrito?

_____

_____

_____

3. Releia o final da fala do entrevistado e faça a adaptação dela para um texto escrito a ser publicado em um jornal de grande circulação. Lembre-se de manter um registro linguístico mais formal.

> [...] O importante é que ele dê algo de, de artístico, não só na parte técnica de, de tomada de cena como na parte de colorido ou na parte de interpretação [...]

_____

_____

_____

_____

_____

4. Leia a transcrição de um trecho de uma entrevista concedida pelo escritor Ariano Suassuna ao apresentador Jô Soares.

> **Jô Soares — Como é que tá sentindo essas homenagens todas assim, ao completar 80 anos?**
>
> Ariano Suassuna — Eu tava dizendo outro dia que estão fazendo um chamego tão grande que eu tô começando a ficar preocupado que quando eu completar 160... como não vai ser complica... (risos) então...
>
> [...]

Programa do Jô: reveja papo com Ariano Suassuna. *Youtube*. 1º abr. 2015. Disponível em: <https://www.youtube.com/watch?v=NoH6CCm457A>. Acesso em: 5 jan. 2018.

a. O que significa o termo **(risos)** no final da fala do entrevistado?

_____

b. Cite um trecho da transcrição acima que contenha:

- uma redução de palavra: _____

- uma interrupção: _____

Como se escreve?

Acentuação dos monossílabos e das palavras oxítonas

1. Releia um trecho da biografia de Malala e responda à questão.

> Àquela altura, Malala já havia se tornado um ícone para as meninas da região por defender a educação feminina e criticar abertamente o Talibã, algo que nem os políticos paquistaneses faziam por medo.

Quais monossílabos foram usados nesse trecho?

_____

2. Leia as expressões abaixo e circule os monossílabos presentes nelas. Em seguida, responda às questões.

A
chuva de verão
café com leite
areia da praia
leite e mel

B
pó colorido
chá preto
três tigres
luz fluorescente

a. Em qual grupo os monossílabos foram pronunciados com intensidade mais forte?

_____

b. Todos os monossílabos pronunciados com intensidade mais forte foram acentuados? Explique.

_____

Os monossílabos pronunciados com menos intensidade são chamados de **monossílabos átonos** e nunca são acentuados.

Os monossílabos pronunciados com mais intensidade são chamados de **monossílabos tônicos** e só recebem acento os que são terminados em: **a(s)**, **e(s)**, **o(s)**, **éu(s)**, **éi(s)**, **ói(s)**. Veja alguns exemplos: **chá**, **pés**, **dó**, **céu**, **réis**, **sóis**.

3. Releia algumas palavras retiradas da biografia de Malala.

> cidade ▪ região ▪ tribal ▪ próxima ▪ fronteira ▪ geral ▪ educação
> índice ▪ mundial ▪ educador ▪ política ▪ ícone ▪ luta ▪ menina
> escola ▪ braço ▪ paquistanês ▪ ônibus ▪ também

a. Classifique as palavras do quadro em oxítonas, paroxítonas ou proparoxítonas.

_____

_____

_____

b. Entre as palavras oxítonas, quais são acentuadas?

_____

4. No quadro a seguir, foram escritas apenas palavras oxítonas. Leia-as. Depois realize as atividades propostas.

> maracujá ▪ café ▪ lambari ▪ avô ▪ urubu ▪ capim
>
> sofás ▪ freguês ▪ cipós ▪ nariz ▪ papéis ▪ tambor
>
> herói ▪ além ▪ fogaréu ▪ girassol

a. Circule as palavras oxítonas que receberam acento.

b. Agora escreva o que você pôde concluir a respeito da acentuação das palavras oxítonas.

_____

_____

_____

_____

Palavras oxítonas terminadas em **a(s)**, **e(s)**, **o(s)**, **em(ns)**, **éi(s)**, **ói(s)** e **éu(s)** são acentuadas.

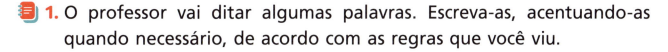

Pratique e aprenda

1. O professor vai ditar algumas palavras. Escreva-as, acentuando-as quando necessário, de acordo com as regras que você viu.

2. Observe as imagens abaixo e escreva o nome delas acentuando quando necessário.

Ilustrações: Waldomiro Neto

_____   _____   _____

3. Complete adequadamente as frases abaixo com as palavras apresentadas entre parênteses.

a. O jogador _____ time adversário sentiu _____ quando o amigo se machucou. (do/dó)

b. O escoteiro aprendeu a dar _____ em corda _____ acampamento. (no/nó)

c. Não vamos _____ deixar vencer! _____ vamos lutar até o fim! (nos/nós)

d. Dizem as _____ línguas que ele não sabe jogar bola, _____ ele joga muito bem. (mas/más)

4. Leia as palavras do quadro abaixo em voz alta.

Pará • você • pajé • atrás • jardim • avós • Ceará • Brasil
parabéns • abacaxis • mocotó • Maceió • Belém • caju • anzol

a. Agora, circule a sílaba tônica de cada uma delas.

b. Com quais letras as palavras acentuadas terminam?

_____

Educação para todos

A educação é um direito garantido por lei a todas as crianças e adolescentes brasileiros. Os refugiados também têm esse direito! Mas será que eles têm acesso fácil à educação em nosso país? Conheça um pouco da realidade que eles enfrentam.

Os refugiados e o acesso à educação

Entre os milhares de refugiados que encontraram proteção e amparo no Brasil há inúmeras crianças e muitos adolescentes que querem e merecem estudar. No entanto, nem todos conseguem exercer esse direito e, quando conseguem, se deparam com uma nova barreira que é a comunicação e a compreensão da língua portuguesa.

Muitos desses pequenos refugiados aprendem o português com os colegas de classe, pois não há professores que falam outras línguas, apenas alguns que arriscam a comunicação em língua inglesa. Apesar disso, eles não se importam e afirmam que, mesmo sem entender muita coisa nas aulas, eles amam frequentá-las junto com os estudantes brasileiros.

Fonte de pesquisa: O Brasil pelos olhos de nove crianças refugiadas que vivem em São Paulo. *BBC Brasil*. Disponível em: <http://www.bbc.com/portuguese/brasil-37626309>. Acesso em: 3 jan. 2018.

Fotomontagem de Rogério C. Rocha. Fotos: oriol san julian e Picsfive/Shutterstock.com/ID/BR

a. Qual é a principal dificuldade enfrentada pelos jovens refugiados ao conseguir frequentar uma escola no Brasil?

b. Faça uma pesquisa em jornais, revistas e na internet a fim de buscar a resposta para o seguinte problema: O que poderia ser feito para melhorar o acesso à educação das crianças e dos jovens refugiados no Brasil?

Produção escrita

Produzir uma biografia

Nesta unidade você leu a biografia da Malala e conheceu um pouco da história dela. Agora, é a sua vez de ser um biógrafo e contar sobre a vida de alguém que, de alguma forma, ajudou ou está ajudando o mundo a ser melhor.

No final, a turma vai organizar um livro de biografias para ficar disponível na biblioteca da escola.

Planeje

Antes de iniciar a sua produção, leia as orientações a seguir.

- Primeiro, releia a biografia da Malala e, se possível, conheça outras para entender melhor como esse gênero se estrutura.

Aprenda mais!

As sugestões abaixo podem ajudar você na tarefa de produzir uma biografia.

O livro *Extraordinárias: mulheres que revolucionaram o Brasil* é fruto de uma pesquisa sobre a vida de mulheres que tiveram importantes papéis na tentativa de mudar nossa sociedade para melhor.

Extraordinárias: mulheres que revolucionaram o Brasil, de Aryane Cararo e Duda Porto de Souza. São Paulo: Seguinte, 2017.

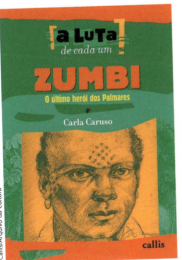

Zumbi dos Palmares tem grande importância na luta contra a escravidão que existia no Brasil. Você pode conhecer a vida dele e seu empenho nessa causa lendo sua biografia.

Zumbi: O último herói dos Palmares, de Carla Caruso. 2. ed. São Paulo: Callis, 2011.

- Escolha quem será a personalidade sobre a qual você vai escrever. Se preferir, pesquise sobre a vida das pessoas indicadas abaixo e escolha alguma com quem se identifique.

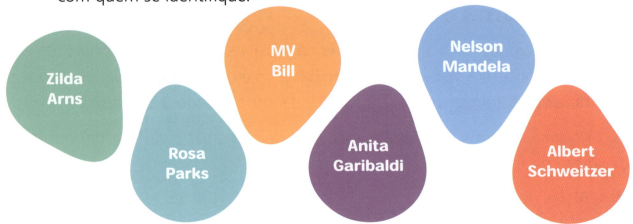

- Providencie fotos da pessoa sobre a qual vai escrever para que os leitores a conheçam melhor.

Escreva

Depois de planejar a biografia, é hora de escrevê-la! Veja as orientações para isso.

- Escreva os fatos na ordem em que eles aconteceram, ou seja, do mais antigo para o mais recente.

- Lembre-se de que vai contar sobre a vida de outra pessoa, por isso utilize a 3ª pessoa em sua biografia.

- Como vai relatar fatos já ocorridos, o tempo predominante em sua biografia deverá ser o passado.

- Fique atento aos sinais de pontuação e à escrita das palavras. Se precisar, peça ajuda ao professor ou utilize um dicionário.

- Utilize um registro formal, já que os leitores serão pessoas desconhecidas.

Revise

Terminada a primeira versão de seu texto, releia-o e verifique se:

- os fatos foram contados na ordem em que aconteceram;

- o texto está escrito em 3ª pessoa e o tempo predominante é o passado;

- os sinais de pontuação foram empregados adequadamente e as palavras estão escritas corretamente;

- foi utilizado o registro formal da língua.

Reescreva

Depois de avaliar o que precisa ser melhorado ou modificado em sua biografia, reescreva-a em uma folha avulsa ou, se possível, digite-a. Reserve um local nela para inserir a foto da pessoa biografada.

Para fazer juntos!

Livro de biografias da turma

Terminadas as produções, é hora de organizar o livro de biografias da turma. Para isso, formem três grupos de modo que cada um fique responsável por uma das atividades a seguir.

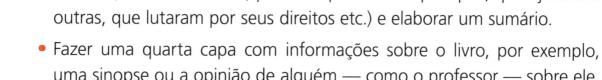

Rivaldo Barboza

- Elaborar a capa, com uma ilustração bem criativa.

- Organizar as biografias usando algum critério (ordem alfabética, pessoas que lutaram pela paz, que ajudaram outras, que lutaram por seus direitos etc.) e elaborar um sumário.

- Fazer uma quarta capa com informações sobre o livro, por exemplo, uma sinopse ou a opinião de alguém — como o professor — sobre ele.

Avalie

Chegou o momento de avaliar esta atividade e verificar se algo precisa ser melhorado nas próximas produções de texto. Para isso, utilize os questionamentos a seguir.

	Sim	Não
Li outros exemplares do gênero biografia antes de começar a escrever?		
Pesquisei em várias fontes sobre a pessoa que escolhi?		
Consegui apresentar a vida dessa pessoa de maneira clara?		
Ajudei na elaboração do livro de biografias da turma?		

Prêmio Nobel da Paz

Você sabia que o Prêmio Nobel da Paz foi criado pelo mesmo inventor da dinamite? Alfred Bernhard Nobel, o químico sueco inventor da dinamite, deixou uma cláusula em seu testamento ordenando que os rendimentos de sua fortuna fossem distribuídos anualmente a quem prestasse benefícios à humanidade, criando assim o prêmio mais prestigiado de todos os tempos.

Foto de Alfred Bernhard Nobel, criador do Prêmio Nobel, publicada em 1919.

Além de prestar homenagens a quem se destaca na luta pela paz, o prêmio reconhece também profissionais nas áreas de Física, Química, Medicina e Literatura. O homenageado recebe uma medalha de ouro, um diploma e um valor em dinheiro.

O vencedor do Prêmio Nobel da Paz é escolhido por um comitê selecionado pelo Parlamento norueguês e o recebe em Oslo, na Noruega, no dia 10 de dezembro, data da morte de seu criador.

Ponto de chegada

Agora vamos revisar os conteúdos estudados nesta unidade. Para isso, façam uma roda de conversa para responder às questões abaixo.

1. Quais características do gênero reportagem você estudou?

2. O que você estudou sobre pronomes pessoais?

3. O que é uma biografia?

4. De que forma os fatos costumam ser relatados em uma biografia?

5. Quais monossílabos tônicos são acentuados?

6. Quais oxítonas são acentuadas?

4 Preservar: uma questão de atitude

Photology1971/Shutterstock.com/ID/BR

Bosco Verticale (Floresta Vertical), Milão, Itália, 2016.

Ponto de partida

1. O que você achou da atitude dos criadores desse prédio?

2. Por que ideias e atitudes como essa são importantes?

3. O que você costuma fazer para preservar o meio ambiente?

Com todo o concreto que cobre nossas cidades hoje em dia, ter uma área verde por perto é um privilégio. Na cidade de Sorocaba, interior do estado de São Paulo, há uma área verde chamada Floresta Cultural. Em sua opinião, o que seria uma floresta cultural? Leia o texto e saiba mais sobre esse lugar.

Um lugar especial na cidade: a Floresta Cultural

No Parque Três Meninos, uma área que estava abandonada e cheia de lixo se tornou um espaço para curtir e cultivar a natureza

Sorocaba esconde lugares lindos e desconhecidos da população em geral, até mesmo no próprio bairro. Uma dessas preciosidades está no Parque Três Meninos: trata-se de uma pequena "floresta", em plena região rodeada de casas, prédios e condomínios. Esse lugar, que até então ninguém tinha coragem de ficar passando por ali, vivia cheio de entulhos e lixo. Há um ano e meio, ou 23 luas — como gostam de dizer — alguns voluntários resolveram adotar esse espaço e cuidar dele. Assim, muita gente passou a usufruir das trilhas, a ver a paisagem pelo mirante e apreciar a nascente. Ali, os moradores iniciaram uma horta comunitária. Muitas crianças do bairro colaboram com a manutenção do espaço, junto de seus pais, e comemoram a descoberta.

Luigi Ramon de Mello, de 7 anos, mudou-se para o bairro recentemente, há cerca de cinco meses, e se diz feliz da vida por ter um espaço desses para brincar. O local, nomeado como Parque Florestal Três Meninos — Floresta Cultural, tem placas indicativas e muitas dicas de preservação ao meio ambiente. "Adorei o bairro por causa desse parque gigante", disse.

Ele gosta muito de andar de bicicleta ali. "Dá pra fazer um monte de manobras", diz.

Fotomontagem de Rogério C. Rocha. Fotos: anna1311/iStock/Getty Images e Compack Background, immoom e Kanea/Shutterstock.com/ID/BR

[...]

Uma curiosidade é que, conforme Luigi, tem índio ali. "Ele fica gritando. Achei que índio não existia. Na verdade eu nunca vi um índio, só cheguei a ouvir."

Sobre as diversas atividades que são realizadas no parque para as crianças, ele afirma que ainda não participou, mas quer muito, muito mesmo.

Plantando árvores e flores

Na floresta tem um lugar que Julia Ribeiro Martins, 10 anos, considera especial: o Poço dos Desejos. "Costumo jogar moeda ali, já fiz vários pedidos", conta ela, que levou várias amigas para fazerem pedidos. "Tive um que foi realizado", revela.

Julia também curte muito ir até o mirante e também a paisagem ao redor da mangueira. Ela mora no bairro há quatro anos e afirma que antes não dava para ir ao parque. "Além do lixo, tinha gente que fazia fogueira", lamenta.

A natureza, diz Julia, é algo de que gosta muito. "Antigamente a gente morava em apartamento, então quando fomos para uma casa com quintal grande começamos a plantar. O ar fica melhor, fica mais fresquinho."

E por falar em plantar, Julia colaborou diversas vezes com os voluntários do parque. "Já plantei semente de girassol, acerola e abacaxi."

[...]

Um guardião especial

A ONG responsável pela Floresta Cultural tem realizado diversos eventos naquele espaço. Todos os sábados, às 9h, tem aulas de ioga para a comunidade. Também há oficinas de dança circular, meditação, artesanato, circo, teatro, educação ambiental, entre outras.

Fotomontagem de Rogério C. Rocha. Fotos: anna1311/iStock/Getty Images e Compack Background, imnoom e Kanea/Shutterstock.com/ID/BR

Helder Antonio Frezza, um dos guardiões que iniciou o projeto, é especializado em agrofloresta e seus estudos são baseados no trabalho de Ernst Götsch. Helder conta que colaboram diretamente com a preservação do local 15 facilitadores, mas que indiretamente são mais de 30. O grupo tem realizado diversas ações de conscientização ambiental e envolvido a comunidade. "Perante a lei, a sociedade organizada é responsável pela fiscalização desse espaço, para que possa ser preservado", disse.

Entre as ações, uma delas é a participação do índio, citado pelo Luigi. Helder explica que eles criaram uma lenda de que mora um índio na floresta e que ele seria guardião do espaço. Esse índio é um ator que tem descendência indígena e se veste como seus ancestrais. "As crianças adoram", comenta. A presença do índio é uma forma de resgate histórico e valorização da cultura indígena.

[...]

Um lugar especial na cidade: a Floresta Cultural, de Daniela Jacinto.
Cruzeiro do Sul, Sorocaba, 5 nov. 2017. Cruzeirinho, p. 4-5.

O jornal *Cruzeiro do Sul* é um jornal impresso e *on-line* da cidade de Sorocaba e região. Semanalmente, há um suplemento infantojuvenil impresso voltado para o público jovem, chamado Cruzeirinho, escrito especialmente para divulgação de notícias, reportagens, passatempos e muito mais.

Capa do suplemento Cruzeirinho, do jornal *Cruzeiro do Sul*.

Estudando o texto

1. Ao ler o texto, sua ideia de como seria uma floresta cultural se confirmou? Converse sobre isso com os colegas.

2. Em sua cidade, há alguma área verde, como parques e florestas, que propicia o contato com a natureza?

3. Por que ninguém tinha coragem de passar pelo parque antes das ações de reconstrução realizadas pelos moradores?

_____

_____

4. Releia o trecho a seguir.

> Há um ano e meio, ou 23 luas — como gostam de dizer — alguns voluntários resolveram adotar esse espaço e cuidar dele.

Taipan Kid/Shutterstock.com/ID/BR

a. O que você acha que esses voluntários precisaram fazer para que o local pudesse ser usufruído pelos moradores?

_____

_____

b. Usar a marcação de tempo em luas remete a uma época:

( ) antiga.   ( ) moderna.

c. Quem seriam as pessoas que, segundo a reportagem, gostam de contar o tempo em luas?

_____

_____

d. Em sua opinião, por que essas pessoas gostam desse modo de marcar o tempo?

_____

_____

5. Leia os itens abaixo e, de acordo com sua leitura do texto, classifique-os utilizando **N** para atrativos naturais, ou seja, atrativos que já faziam parte do local, e **A** para atrativos artificiais, ou seja, que foram construídos pelos voluntários.

◯ Trilhas.

◯ Mirante.

◯ Horta comunitária.

◯ Poço dos Desejos.

◯ Nascente.

◯ Ar puro.

anna1311/iStock/Getty Images

6. O local foi nomeado de Parque Florestal Três Meninos — Floresta Cultural. Por que foi usada a palavra **cultural** no nome do parque?

_____

_____

7. Qual é o assunto principal dessa reportagem?

_____

_____

8. Marque um **X** na alternativa que apresenta o objetivo da publicação dessa reportagem.

◯ Narrar à população uma história sobre uma floresta.

◯ Ensinar a população a construir uma floresta na cidade.

◯ Informar a população e incentivar a preservação ambiental.

9. A reportagem lida apresenta dois intertítulos. Quais são eles?

_____

_____

• Qual é a importância dos intertítulos para o texto?

_____

_____

10. Releia o trecho a seguir.

"Adorei o bairro por causa desse parque gigante", disse.

Ele gosta muito de andar de bicicleta ali. "Dá pra fazer um monte de manobras", diz.

anna1311/iStock/
Getty Images

Nesse trecho, o que o uso das aspas indica?

_____

_____

11. Observe, reproduzida a seguir, a referência da reportagem.

Um lugar especial na cidade: a Floresta Cultural,
de Daniela Jacinto. _Cruzeiro do Sul_,
Sorocaba, 5 nov. 2017. Cruzeirinho. p. 4-5.

Circule de azul a parte com o nome do autor, de amarelo a parte com o veículo em que a reportagem foi publicada e de verde a parte com a data da publicação da reportagem.

12. Qual é o público-alvo dessa reportagem? Justifique sua resposta.

_____

_____

_____

13. Reportagens são formadas principalmente por fatos, isto é, informações reais, comprovadas. Mas há momentos em que o autor pode revelar suas opiniões. Sabendo disso, releia os trechos a seguir e marque **F** para os fatos e **O** para as opiniões.

◯ Helder Antonio Frezza, um dos guardiões que iniciou o projeto, é especializado em agrofloresta e seus estudos são baseados no trabalho de Ernst Götsch.

◯ Sorocaba esconde lugares lindos e desconhecidos da população em geral, até mesmo no próprio bairro.

◯ A ONG responsável pela Floresta Cultural tem realizado diversos eventos naquele espaço.

14. A reportagem cita a criação de uma lenda.

a. Que lenda foi criada pelos mantenedores do local?

_____

_____

b. Com que finalidade ela foi criada?

_____

_____

_____

_____

c. Como essa lenda é sustentada?

_____

_____

_____

15. Em sua opinião, quais são as vantagens de oficializar o espaço como Parque Municipal? Converse sobre isso com os colegas e o professor.

Estudando a língua

Concordância verbal

1. Releia algumas frases retiradas da reportagem "Um lugar especial na cidade: a Floresta Cultural" e observe os verbos em destaque.

> Ele **gosta** muito de andar de bicicleta ali.

> Na verdade eu nunca **vi** um índio, só cheguei a ouvir.

> Ela **mora** no bairro há quatro anos e afirma que antes não dava para ir ao parque.

> Helder explica que eles **criaram** uma lenda de que mora um índio na floresta e que ele **seria** guardião do espaço.

a. Circule a palavra a que cada verbo destacado nas frases acima se refere.

b. Em relação aos verbos, que função as palavras circuladas desempenham nas frases? Marque um **X** na resposta correta.

◯ Sujeito. ◯ Predicado.

c. Complete a frase a seguir marcando um **X** na alternativa adequada. As palavras circuladas nos trechos acima:

◯ expressam ações realizadas pelas pessoas da reportagem.

◯ substituem o nome das pessoas citadas na reportagem.

◯ atribuem uma qualidade às pessoas da reportagem.

d. Com base na atividade **c**, responda como são classificadas as palavras que você circulou.

2. Analise o sujeito e o verbo de cada frase a seguir e responda às questões.

A Ela gosta de natureza.

B Eu nunca vi o mar.

C Ele mora perto do parque.

D Eles fizeram uma trilha.

E Nós recolheremos nosso lixo.

a. Quais desses verbos estão no singular? O sujeito de cada um deles está no singular ou no plural?

_____

_____

b. Quais desses verbos estão no plural? O sujeito de cada um deles está no singular ou no plural?

_____

_____

c. O que aconteceria com o verbo da frase **A**, caso o sujeito dele fosse o pronome **eu**?

_____

d. Se o sujeito do verbo da frase **B** fosse o pronome **ele**, o que aconteceria com o verbo?

_____

e. De acordo com as reflexões feitas até aqui, o que acontece com o verbo quando o pronome pessoal sujeito dele é alterado?

_____

_____

Os pronomes pessoais podem exercer a função de sujeito de uma frase. Nesse caso, o verbo concorda com o pronome pessoal sujeito em pessoa (1ª, 2ª ou 3ª pessoa) e número (singular ou plural).

Pratique e aprenda

1. Reescreva as frases a seguir, trocando os sujeitos (em destaque) por aqueles que estão entre parênteses.

a. **Eles** gostaram muito de conhecer as praias nordestinas. (elas)

_____

b. **Eu** achei a Floresta Cultural bonita. (nós)

_____

c. **Nós** compramos uma bicicleta. (eu)

_____

2. Converse com os colegas e o professor para responder à seguinte questão: Qual foi a única frase da atividade anterior em que o verbo não sofreu alteração? Por quê?

3. Leia um trecho de notícia a seguir e complete-o com as formas verbais indicadas no quadro abaixo de acordo com o sujeito.

> **tínhamos ▪ tinha ▪ tinham ▪ comecei ▪ começaram ▪ começou**

Pesquisa revela que Rio Amazonas tem mais de 9 milhões de anos

Foto do Rio Amazonas, 2017.

O Rio Amazonas é bem mais velho do que os especialistas imaginavam. Pesquisadores da Universidade de Brasília revelaram que o icônico cartão-postal brasileiro nasceu há mais de 9 milhões de anos. Informações anteriores eram de que ele _____ (ter) entre 1 milhão e 1,5 milhão de anos de vida.

[...]

A hipótese é a de que o Amazonas já existia, mas não do tamanho como é conhecido hoje. Ele _____ (começar) a ganhar maior forma entre 9 milhões e 9,4 milhões de anos.

Pesquisa revela que Rio Amazonas tem mais de 9 milhões de anos. *Diário do Grande ABC*, São Paulo, 23 abr. 2017. Diarinho, p. 3.

Você já ouviu ou leu em algum lugar a expressão "consumo sustentável"? O que você sabe a respeito desse assunto ou o que você imagina que seja? Após expor sua opinião, leia o texto abaixo para conhecer mais sobre esse conceito.

Consumo sustentável

Consumo sustentável: reflexão no modo de consumo

O atual modelo de produção e consumo tem sido um dos principais vilões no processo de degradação ambiental, em que a população, motivada pelas propagandas comercias, adquire produtos desnecessários e intensifica a destruição da natureza. Visando reverter essa situação, surgiu a proposta de consumo sustentável.

Durante a Conferência das Nações Unidas sobre o Meio Ambiente e Desenvolvimento, realizada em junho de 1992, na cidade do Rio de Janeiro, foi produzido um documento denominado Agenda 21, que consiste num plano de ações para a melhoria da situação ambiental. Através desse documento foi elaborado o conceito de consumo sustentável, propondo uma mudança nos padrões de produção e consumo.

A ideia de consumo sustentável é a de promover a reflexão dos hábitos de consumo da população, despertando a consciência ecológica. Nesse sentido, o consumidor deve adquirir somente o que for necessário para suprir suas necessidades básicas de sobrevivência, evitando, portanto, a aquisição de produtos supérfluos e o desperdício, contribuindo dessa forma para a preservação ambiental.

Esse é um dos principais elementos para se atingir o desenvolvimento sustentável, proporcionando recursos naturais em quantidade e qualidade às futuras gerações. Portanto, é essencial que seja evitado o desperdício, havendo o controle no consumo de água e energia elétrica, sendo necessário colocar em prática a Política dos 3 Rs (Reduzir, Reutilizar e Reciclar), além de adquirir produtos de qualidade e que em sua produção não tenha ocorrido a destruição dos recursos naturais.

Lembrando que a cada 100 toneladas de plástico reciclado economiza-se uma tonelada de petróleo; uma tonelada de papel reciclado economiza 10 mil litros de água e evita o corte de 17 árvores; um banho de 15 minutos gasta 135 litros de água (você pode e deve gastar menos tempo). Faça você a sua parte.

Consumo sustentável, de Wagner de Cerqueira e Francisco. *Mundo Educação*. Disponível em: <http://mundoeducacao.bol.uol.com.br/geografia/consumo-sustentavel.htm>. Acesso em: 17 out. 2017.

Fotomontagem de Rogério C. Rocha. Fotos: Janine Lamontagne e franckreporter/iStock/Getty Images e Wutthichai Phosri, ITTIGallery, ESB Professional, chompoo09 e Wutthichai Phosri/Shutterstock.com/ID/BR

Mundo Educação é um portal educacional voltado para conteúdos escolares do Ensino Fundamental e Médio. É dividido em blocos que facilitam encontrar as disciplinas escolares, disponibilizando muito material interessante para pesquisas.

Disponível em: <http://mundoeducacao.bol.uol.com.br>. Acesso em: 17 out. 2017

Página inicial do *site Mundo Educação*.

Estudando o texto

1. A ideia que você tinha a respeito de consumo sustentável se confirmou após a leitura do texto?

2. Você concorda com a ideia de que "o atual modelo de produção e consumo tem sido um dos principais vilões no processo de degradação ambiental"? Por quê?

3. O texto "Consumo sustentável" é um **artigo de opinião** que tem como objetivo expor e defender um ponto de vista sobre determinado assunto. Marque um **X** na alternativa correta sobre o ponto de vista do autor do artigo.

○ O consumo sustentável degrada o meio ambiente, tornando os produtos mais caros e não acessíveis.

○ O consumo supérfluo degrada o meio ambiente, sendo necessário termos uma consciência ecológica sobre isso.

○ Devemos utilizar os recursos naturais o quanto desejarmos, pois nossa sobrevivência vale mais do que o meio ambiente.

4. Um artigo de opinião apresenta argumentos que se relacionam com uma ideia central, isto é, o tema do texto. Qual é a ideia central desse texto?

_____

_____

_____

5. Segundo o autor, o que motiva as pessoas a adquirir produtos desnecessários? E qual é a consequência dessa ação?

_____

_____

_____

6. Com base no texto, o que é a Agenda 21?

_____

_____

_____

7. Releia atentamente o trecho a seguir e responda às questões.

> Nesse sentido, o consumidor **deve adquirir** somente o que for necessário para suprir suas necessidades básicas de sobrevivência, evitando, **portanto**, a aquisição de produtos supérfluos e o desperdício, contribuindo dessa forma para a preservação ambiental.

franckreporter/iStock/Getty Images

a. Segundo o ponto de vista do autor, devemos parar totalmente de consumir produtos? Explique.

_____

_____

_____

b. A forma verbal **deve adquirir** tem a função de:

( ) indicar ao leitor uma ação necessária.

( ) dar ao leitor opções de escolha.

c. A palavra **portanto** tem a função de:

( ) indicar uma negação ao argumento anterior.

( ) indicar uma conclusão ao argumento anterior.

d. A palavra **portanto** pode ser substituída, sem alteração de sentido, pela palavra:

( ) mas.   ( ) assim.

8. De acordo com o autor do texto, quais são as práticas essenciais para proporcionar recursos naturais e qualidade de vida às futuras gerações?

_____

_____

_____

_____

9. Releia o último parágrafo do artigo de opinião.

> Lembrando que a cada 100 toneladas de plástico reciclado economiza-se uma tonelada de petróleo; uma tonelada de papel reciclado economiza 10 mil litros de água e evita o corte de 17 árvores; um banho de 15 minutos gasta 135 litros de água (você pode e deve gastar menos tempo). Faça você a sua parte.

a. Com qual objetivo os dados presentes nesse parágrafo foram apresentados?

_____

_____

_____

b. Esse parágrafo expõe alguns fatos e uma opinião. Copie o trecho que revela uma opinião do autor.

_____

c. O artigo foi finalizado com a frase "Faça você a sua parte.". A utilização dessa frase expressa a intenção de:

○ persuadir o leitor a adotar a atitude que o autor argumenta como ideal.

○ deixar o leitor à vontade para tomar suas próprias decisões sobre o tema tratado.

Lendo um manual de instruções de montagem

Quando falamos em desenvolvimento sustentável, a poluição causada pelos meios de transporte também está em debate. A bicicleta tem sido uma boa solução para esse problema. Além de trazer inúmeros benefícios para a saúde, ela colabora com a fluidez do trânsito e com o meio ambiente. Por essa razão, as vendas desse veículo têm aumentado tanto. Em algumas ocasiões, o consumidor precisa montá-la. Você sabe como montar uma?

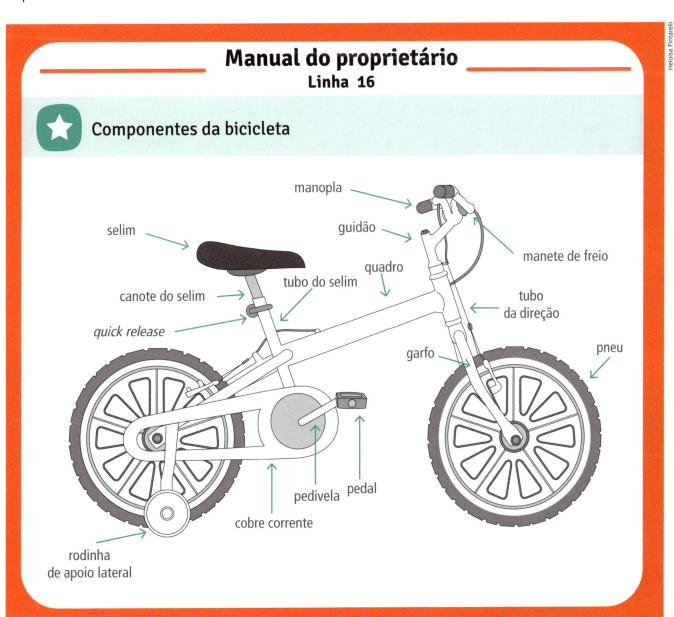

Manual do proprietário
Linha 16

⭐ **Componentes da bicicleta**

- manopla
- selim
- guidão
- manete de freio
- quadro
- canote do selim
- tubo do selim
- tubo da direção
- quick release
- garfo
- pneu
- pedivela
- pedal
- cobre corrente
- rodinha de apoio lateral

Heloísa Pintarelli

Instruções de montagem

Antes de começar a montagem da bicicleta, tenha em mãos a ferramenta que acompanha o produto.

1 Rodinhas laterais

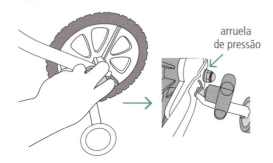

arruela de pressão

Posicione a rodinha lateral no local indicado e rosqueie firmemente o manípulo até quando der aperto.

ATENÇÃO: Certifique-se de que não há folga após o aperto.

2 Roda dianteira

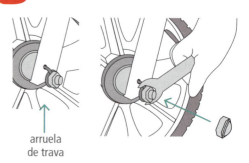

arruela de trava

Encaixe a roda dianteira no garfo, coloque a arruela de trava no local indicado e aperte a porca (17-20Nm). Após o aperto, insira a proteção plástica.

ATENÇÃO: Certifique-se de que a arruela de trava está colocada de forma correta, com a haste encaixada no furo do garfo. Se for necessário calibrar os pneus, não exceda a pressão máxima indicada na lateral do pneu.

3 Guidão e freio dianteiro

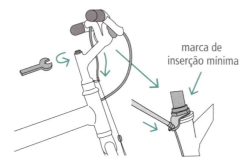

marca de inserção mínima

Insira o guidão no cabeçote e aperte a porca do guidão com a ferramenta indicada (17-20Nm). Em seguida, encaixe o conduíte de freio no suporte de conduíte.

ATENÇÃO: Certifique-se de que o guidão não gire em relação ao quadro após o aperto do parafuso. Certifique-se de que o guidão foi inserido respeitando a marcação de inserção mínima.

4 Pedal

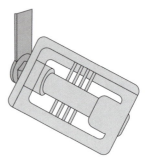

Rosqueie os pedais no pedivela de acordo com os lados indicados:

R – Lado Direito

L – Lado Esquerdo

Deve-se iniciar o rosqueamento dos pedais com as mãos. Após a finalização da rosca, finalize o aperto com a ferramenta (17-20Nm).

5 Selim

6 Placa frontal*

O *quick release* permite ajustar a bicicleta conforme o crescimento da criança.

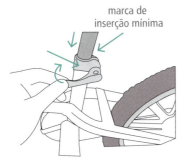

marca de inserção mínima

Insira o canote do selim no tubo, rosqueie o *quick release* e aperte.

ATENÇÃO: Certifique-se de que o selim não gire em relação ao quadro.

O *quick release* deve ficar sempre "fechado".

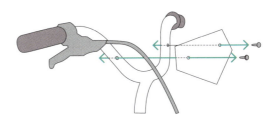

Nas bicicletas com personagens, fixe a placa com os clipes canoa no guidão.

*Aplicável para bicicletas que possuem o acessório.

Heloísa Pintarelli

[...]

Manual do proprietário – linha 16. Disponível em: <http://static.wmobjects.com.br/mailmkt/manuais/467590_1.pdf>. Acesso em: 6 jan. 2018.

O manual de instruções de montagem que você leu foi publicado em um *site* comercial da internet. Esses manuais, compostos geralmente de texto verbal e imagens, acompanham o produto e também podem ser encontrados no *site* do próprio fabricante.

Estudando o texto

1. Você sabe andar de bicicleta? Com que frequência você pratica essa atividade?

2. Quais benefícios a bicicleta pode trazer para quem a usa?

3. Você saberia montar essa bicicleta sozinho? Converse com os colegas e com o professor sobre isso.

4. Nesse manual, as instruções para montar a bicicleta foram organizadas em itens.

a. Quantos itens ele apresenta?

_____

b. Em sua opinião, por que ele foi organizado dessa forma?

_____

_____

_____

c. Qual é a função das imagens que acompanham o texto verbal nesse manual de instruções?

_____

_____

5. Releia os trechos a seguir.

Posicione a rodinha lateral no local indicado [...].

Encaixe a roda dianteira no garfo [...].

Insira o canote do selim no tubo, **rosqueie** o *quick release* e **aperte**.

O que as palavras em destaque expressam nesse texto?

◯ Elas caracterizam as peças de montagem da bicicleta.

◯ Elas indicam as ações que devem ser realizadas para montar a bicicleta.

◯ Elas informam os benefícios criados pelo uso da bicicleta.

6. O que é necessário ter em mãos antes de iniciar a montagem dessa bicicleta?

_____

_____

7. No item 1 do manual, há o seguinte aviso: "Certifique-se de que não há folga após o aperto". O que pode acontecer se for deixada uma folga nas rodinhas laterais?

_____

_____

8. Observe a imagem ao lado e responda o que a seta indica.

Heloísa Pintarelli

_____

_____

9. Releia o trecho a seguir para responder às questões.

> Insira o guidão no cabeçote e aperte a **porca** do guidão com a ferramenta indicada (17-20Nm).

a. Leia o verbete de dicionário que apresenta informações sobre a palavra em destaque nesse trecho.

> **por.ca** *s.f.* **1.** a fêmea do porco **2.** peça com furo central dotado de rosca para receber um parafuso

Míni Houaiss: Dicionário da língua portuguesa, de Antônio Houaiss e Mauro de Salles Villar. 3. ed. Rio de Janeiro: Objetiva, 2008. p. 591.

Qual desses significados a palavra **porca** tem no trecho acima?

_____

_____

b. Crie uma frase empregando a palavra **porca** com o outro significado que ela tem no verbete acima.

_____

_____

_____

10. Você conhece outros textos que também têm função de ensinar algo, assim como esse manual de instruções de montagem? Quais?

_____

_____

_____

11. Esse gênero é chamado instrucional porque:

◯ ensina como fazer ou usar algo.

◯ apresenta informações sobre um acontecimento.

12. Leia os títulos de notícia a seguir e responda às questões.

Cresce o uso da bicicleta como meio de transporte em cidades brasileiras

Cresce o uso da bicicleta como meio de transporte em cidades brasileiras. *G1*, 22 jan. 2016. Jornal Nacional. Disponível em: <http://g1.globo.com/jornal-nacional/noticia/2016/01/cresce-o-uso-da-bicicleta-como-meio-de-transporte-em-cidades-brasileiras.html>. Acesso em: 29 dez. 2017.

Mais do que lazer, bicicleta é transporte alternativo

Mais do que lazer, bicicleta é transporte alternativo, de Pollianna Milan. *Gazeta do Povo*, Curitiba, 12 nov. 2008. Vida e Cidadania. Disponível em: <http://www.gazetadopovo.com.br/vida-e-cidadania/mais-do-que-lazer-bicicleta-e-transporte-alternativo-b9xg37liqqe9tpkq8v2ncccpa>. Acesso em: 29 dez. 2017.

Joinville, em SC, quer dobrar uso de *bikes* e chegar a 730 km de ciclovias

Joinville, em SC, quer dobrar uso de bikes e chegar a 730 km de ciclovias, de Jeferson Bertolini. *Folha de S.Paulo*, São Paulo, 25 maio 2017. Cotidiano. Disponível em: <http://www1.folha.uol.com.br/cotidiano/2017/05/1886506-joinville-sc-quer-que-bike-volte-a-ser-meio-de-transporte-popular.shtml>. Acesso em: 29 dez. 2017.

Aumenta o uso da bicicleta como transporte no Brasil

Aumenta o uso da bicicleta como transporte no Brasil, de Marcos de Sousa. *Mobilize*, 22 jan. 2016. Notícias. Disponível em: <http://www.mobilize.org.br/noticias/9165/aumenta-o-uso-de-bicicletas-como-transporte-no-brasil.html>. Acesso em: 29 dez. 2017.

a. Por que o uso da bicicleta tem sido assunto nos jornais?

_____

_____

b. Que benefícios essa prática pode trazer?

_____

_____

_____

Como se escreve?

Acentuação das palavras paroxítonas e das palavras proparoxítonas

1. Releia um trecho do artigo de opinião "Consumo sustentável".

> Visando reverter essa situação, surgiu a proposta de consumo sustentável.

a. Quais palavras paroxítonas estão presentes nesse trecho?

_____

_____

b. Entre essas palavras, qual é a única que recebeu acento gráfico?

_____

2. No quadro a seguir, foram escritas apenas palavras paroxítonas. Leia-as e responda às questões.

> magistério ▪ janela ▪ ouro ▪ biquíni ▪ lápis ▪ vírus ▪ clímax
> pólen ▪ bode ▪ ímã ▪ órfã ▪ útil ▪ mistérios ▪ tríceps
> miragem ▪ néctar ▪ órgãos ▪ álbuns ▪ ímãs

a. Todas as sílabas tônicas dessas palavras paroxítonas receberam acento gráfico?

_____

b. Observando as terminações dessas palavras, o que é possível concluir sobre a acentuação das palavras paroxítonas?

_____

_____

_____

São acentuadas as palavras paroxítonas terminadas em **-i(s)**, **-ã(s)**, **-ão(aos)**, **ditongos**, **um(uns)**, **-l**, **-n**, **-ps**, **-r**, **-x** e **-us**.

Veja a seguir a terminação das paroxítonas acentuadas e alguns exemplos.

Terminação	Exemplo
-i(s)	táxi, táxis
-ã(s)	órfã, órfãs
-ão(aos)	sótão
-um(uns)	fórum, fóruns
-l	ágil
ditongos	pônei

Terminação	Exemplo
-n	hífen
-ps	bíceps
-r	fêmur
-x	fênix
-us	vírus

3. Releia outras palavras retiradas do artigo de opinião "Consumo sustentável" e responda às questões.

> **hábitos** ▪ **ecológica** ▪ **elétrica** ▪ **prática**
> **política** ▪ **plástico** ▪ **árvores**

a. Com relação à posição da sílaba tônica, qual é a classificação dessas palavras? Justifique sua resposta.

_____

_____

b. Quanto à acentuação gráfica, há alguma semelhança entre essas palavras? Explique.

_____

Todas as palavras proparoxítonas da língua portuguesa recebem acento gráfico.

Pratique e aprenda

1. Leia as capas de livros a seguir analisando as palavras presentes em cada título.

Capa do livro *A árvore da família*, de Maísa Zakzuk.

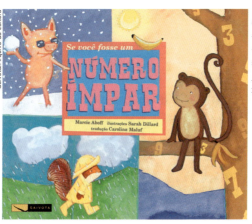

Capa do livro *Se você fosse um número ímpar*, de Marcie Aboff.

Capa do livro *Meu planeta rima com água*, de César Obeid.

a. Quais palavras desses títulos recebem acento gráfico? Escreva-as abaixo e classifique cada uma delas em oxítona, paroxítona ou proparoxítona.

_____

_____

b. Justifique o emprego do acento gráfico em cada uma das palavras acentuadas nos títulos.

_____

_____

_____

_____

Divirta-se e aprenda

Jogo da acentuação

Dividam-se em grupos de até quatro alunos e brinquem com o **Jogo da acentuação**. Para isso, destaquem o tabuleiro da página **263** e as fichas da página **265** do **Material complementar** e ouçam as orientações do professor.

Criatividade e sustentabilidade

Você já parou para pensar em quanta comida é desperdiçada em uma praça de alimentação de um *shopping*? Será que ela poderia ser reaproveitada de alguma forma?

A resposta mais óbvia seria que o destino desses alimentos fosse o lixo. No entanto, um centro comercial da cidade de São Paulo decidiu inovar com a criação de um projeto. Leia o texto a seguir e conheça-o.

Telhado verde

O objetivo desse projeto de compostagem é aproveitar o espaço em cima das lojas do centro comercial e dar um destino adequado para pelo menos uma tonelada de lixo orgânico que seria despejado em aterros sanitários pela cidade, transformando-o em adubo para gerar novos alimentos.

Como resultado dessa iniciativa, foi construída uma horta, com 1 000 metros quadrados, que produz verduras e legumes para os próprios colaboradores do *shopping*. Além disso, ainda são cultivadas plantas medicinais, como hortelã e erva-doce. O projeto também tem como meta diminuir a temperatura do *shopping* por conta da camada vegetal que está formando em seu teto e reduzir, dessa forma, o uso de refrigeradores de ar. Assim, o empreendimento trabalha a sustentabilidade e a conscientização dos trabalhadores e visitantes do local.

Fonte de pesquisa: Teto de *shopping* tem horta de 1 000 metros quadrados, de Inara Chayamiti. *Veja São Paulo*, São Paulo, Abril, 23 abr. 2013. Cidades. Disponível em: <https://vejasp.abril.com.br/cidades/telhado-shopping-horta/>. Acesso em: 4 jan. 2018.

Fotomontagem de Rogério C. Rocha. Fotos: prapann, enviromantic/iStock/Getty Images e Artem Shadrin, xpixel/Shutterstock.com/ID/BR

a. Em que consiste o projeto de reaproveitamento de restos de comida citado no texto?

b. Em sua opinião, quais as vantagens geradas com essa iniciativa?

Produção oral e escrita

Produzir artigo de opinião e realizar debate

Nesta unidade, você leu o artigo de opinião "Consumo sustentável" e pôde perceber a visão do autor sobre o assunto. Agora, você vai expor sua opinião sobre um dos argumentos apresentados no artigo de opinião e defendê-la. Antes, releia o argumento a seguir.

> Nesse sentido, o consumidor deve adquirir somente o que for necessário para suprir suas necessidades básicas de sobrevivência, evitando, portanto, a aquisição de produtos supérfluos e o desperdício, contribuindo dessa forma para a preservação ambiental.

Esse posicionamento indica que devemos sobreviver com itens básicos para evitar o desperdício. Mas será que o básico para o autor também é o básico para as demais pessoas? Em duplas, elaborem um artigo de opinião posicionando-se a favor desse argumento ou contra ele. Depois, será organizado um debate em que vocês apresentarão argumentos para discutir esse tema.

Artigo de opinião

Planejem

O professor vai ajudá-los a se organizar em duplas. Em seguida, vocês devem planejar o texto com base nas orientações a seguir.

- Definam o posicionamento de vocês. Para isso, releiam o artigo de opinião e exponham o que pensam sobre o argumento. As perguntas abaixo podem direcionar essa conversa.
  - › Para você, o que é viver com o básico?
  - › Se todos vivessem com o básico, que benefícios o mundo teria?
  - › Existem produtos e bens que não são básicos, mas que para você são necessários? Explique.
- Depois, pesquisem, em livros, revistas, enciclopédias ou na internet, dados, opiniões e argumentos que possam embasar o texto de vocês.

Aprenda mais!

Os endereços eletrônicos abaixo podem ajudar vocês a pesquisar sobre o assunto e a conhecer outros exemplares de artigos de opinião.

No *site Ecokids*, vocês podem encontrar informações sobre cuidados com nosso planeta.

<http://www2.uol.com.br/ecokids/>.

Acesso em: 8 jan. 2018.

Disponível em: <www2.uol.com.br/ecokids>.
Acesso em: 8 jan. 2018

Disponível em: <www.gazetadopovo.com.br>.
Acesso em: 8 jan. 2018

Jornais e revistas costumam apresentar seções específicas para textos de opinião. Veja, por exemplo, a seção Opinião do jornal *Gazeta do Povo*.

<http://www.gazetadopovo.com.br/opiniao/>.

Acesso em: 8 jan. 2018.

Escrevam

Depois de definir o posicionamento da dupla e de pesquisar argumentos que o embasem, chegou o momento de escrever o artigo. Para isso, sigam estas orientações.

- Lembrem-se de que um artigo de opinião é organizado em **introdução** (apresentação do assunto), **desenvolvimento** (composto de um ou dois parágrafos em que se apresentam o ponto de vista da dupla, dados e argumentos que sustentam a opinião defendida) e **conclusão** (momento em que se encerra o artigo sustentando a opinião defendida).

- Apresentem o ponto de vista da dupla de maneira clara e empreguem bons argumentos para defender a opinião de vocês.

- Utilizem o registro formal da língua e empreguem palavras que estabeleçam relações entre as ideias do texto, como **mas**, **por isso**, **então**, **portanto**, **entretanto** etc.

- A conclusão deve retomar a ideia inicial exposta na introdução e apresentar possíveis soluções.

- Utilizem adequadamente os sinais de pontuação e verifiquem a escrita das palavras. Se necessário, peçam ajuda ao professor ou consultem um dicionário.

- Leiam o artigo de opinião e verifiquem qual título seria o mais adequado para o conteúdo abordado nele.

Revisem

Depois de elaborarem a primeira versão do artigo, verifiquem se:

- a estrutura do texto está dividida em introdução, desenvolvimento e conclusão;

- o ponto de vista da dupla e os dados e argumentos utilizados estão claros para o leitor;

- foi empregado o registro formal da língua e foram utilizadas palavras que estabelecem relações entre as ideias do texto;

- os sinais de pontuação foram utilizados adequadamente e as palavras foram escritas corretamente;

- foi escolhido um título condizente com o conteúdo do artigo de opinião.

Reescrevam

Assim que revisarem o artigo, reescrevam-no, corrigindo ou adequando o que for necessário. Na sequência, entreguem a versão definitiva ao professor.

Debate

Agora chegou o momento de vocês defenderem oralmente seu ponto de vista sobre o modo de consumo proposto pelo autor do artigo de opinião. Para isso, vejam as orientações a seguir.

Planejem

O professor vai dividir a turma em dois grandes grupos. Aquele com os alunos que se posicionaram a favor da ideia de adquirir apenas o básico e o outro contra essa ideia. Assim que os grupos estiverem formados, sigam as orientações abaixo.

- Verifiquem quais argumentos empregados no artigo de opinião podem ser utilizados no debate e se há necessidade de pesquisar outros dados para fundamentar o ponto de vista do grupo.

- O professor vai estipular um tempo para cada grupo, portanto elaborem as perguntas para ser realizadas ao outro grupo considerando esse tempo.

- Procurem antecipar possíveis perguntas que serão feitas a vocês e já elaborem respostas para elas.

- Definam se o grupo terá um aluno debatedor, ou seja, aquele que falará em nome do grupo, ou se todos os integrantes vão debater.

- Empreguem um registro mais formal da língua, flexionando adequadamente os verbos em concordância com os pronomes pessoais sujeitos da frase. Utilizem gestos e expressões faciais que possam auxiliar no entendimento da fala de cada um.

- Para iniciar cada fala, vocês podem usar expressões que organizam as opiniões e os argumentos, como: "Em nossa opinião, isso está errado, pois...", "Concordamos em parte porque...", "Discordamos porque...".

Realizem

No dia marcado para o debate, com alguns minutos de antecedência, organizem as carteiras da sala de aula em um semicírculo para que os dois grupos possam se ver.

O professor será o moderador, ou seja, aquele que indicará de quem é a vez de falar, controlará o tempo e verificará a possibilidade ou não de réplica, tréplica etc.

Enquanto o outro grupo estiver falando, façam silêncio, ouçam-no com atenção e aguardem o momento para falar. Utilizem um tom de voz adequado para que todos possam ouvir e falem com calma e pausadamente.

Procurem não se exaltar, pois esse é um momento de troca de ideias. Lembrem-se de que não há um grupo certo ou errado, apenas dois grupos com opiniões divergentes. Mesmo pertencendo a determinado grupo, em algum momento, vocês podem concordar com a ideia do outro grupo: essa é a riqueza de um debate.

Ao final, vocês podem conversar sobre os argumentos apresentados e de que forma eles contribuíram para ampliar a visão de vocês sobre o assunto.

Avaliem

Em grupo, avaliem a realização desta atividade de acordo com os seguintes questionamentos.

	Sim	Não
Nosso artigo de opinião foi organizado em introdução, desenvolvimento e conclusão?		
No artigo, conseguimos expressar nosso ponto de vista e defendê-lo com argumentos claros e convincentes?		
Empregamos um registro formal na escrita de nosso artigo?		
No debate, utilizamos o tempo estipulado pelo professor de maneira adequada?		
Em nossa fala, foi empregado um registro mais formal da língua?		
Respeitamos a opinião e a vez de o outro grupo falar?		
Tanto a escrita do artigo quanto o debate nos ajudaram a entender mais sobre a relação entre consumo e meio ambiente?		

Aprenda mais!

As sugestões a seguir podem ajudar você a observar atitudes relacionadas ao meio ambiente e a refletir sobre a conservação da natureza.

O documentário *Lixo extraordinário* apresenta o trabalho do artista plástico Vik Muniz, que cria obras de arte a partir de sucata e aproxima catadores de lixo da arte.

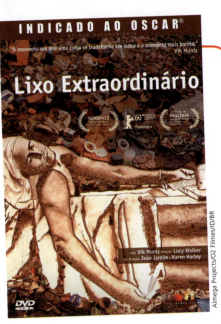

Lixo extraordinário. Direção de Lucy Walker e outros. Brasil e Inglaterra: Almega Projects. 2011 (94 min).

A animação *O Lorax: em busca da trúfula perdida* conta a aventura do menino Ted em uma terra cheia de cor, natureza e árvores de plástico a fim de realizar o desejo da bela Audrey, que sonha em ver uma árvore de verdade.

O Lorax: em busca da trúfula perdida. Direção de Chris Renaud e Kyle Balda. Estados Unidos: Universal Pictures, 2012 (87 min).

Ponto de chegada

Chegamos ao fim da unidade **4**. Vamos revisar os conteúdos estudados? Para isso, façam uma roda de conversa para responder às questões abaixo.

1. Qual é o principal objetivo de um artigo de opinião?

2. Como ocorre a concordância entre o pronome pessoal sujeito da frase e o verbo?

3. O que é um manual de instruções de montagem?

4. Quais palavras paroxítonas são acentuadas?

5. Qual é a regra de acentuação das palavras proparoxítonas?

5 o poder da ciência

Robô lendo um livro e, ao fundo, menino lendo em um computador.

Ponto de partida

1. Qual é o fato curioso, inusitado, apresentado nesta imagem?

2. Com a evolução dos conhecimentos científicos, houve a criação e o aprimoramento de várias tecnologias. Cite algumas invenções tecnológicas que nos auxiliam no dia a dia.

Lendo uma notícia

Uma pesquisa científica exige muito empenho e dedicação do pesquisador para ser finalizada. A notícia que você vai ler apresenta o resultado da pesquisa feita por uma jovem cientista chilena. Em sua opinião, por que um fato como esse mereceu ser noticiado?

 http://revistagalileu.globo.com/Ciencia/Espaco/noticia/2015/08/jovem-astronoma-chilena-descobre-planeta...

Jovem astrônoma chilena descobre planeta três vezes maior que Júpiter

Maritza Soto tem 25 anos e já descobriu um planeta

19 ago. 2015.

Imagem do planeta Júpiter, tirada pelo telescópio espacial Hubble, em 2016.

NASA/Reuters/Latinstock

Uma astrônoma chilena de 25 anos descobriu um planeta que tem três vezes o tamanho de Júpiter, orbita uma estrela vermelha maior que o Sol e está situado a cerca de 290 milhões anos-luz da Terra.

Maritza Soto, estudante de doutorado em Ciências na Universidad de Chile, trabalhou durante oito meses em dois telescópios do observatório La Silla, 600 quilômetros ao norte da capital Santiago.

Em novembro de 2014, Maritza descobriu o planeta agora registrado como HD110014b e seu trabalho foi publicado em uma revista da Royal Astronomical Society (Sociedade Astronômica Real).

Rogério C. Rocha

A descoberta de planetas na órbita de estrelas vermelhas gigantes é "pouco comum", pois se estima que apenas um a cada cinco planetas descobertos gira ao redor desse tipo de estrela, disse à Agência Efe.

A distância de HD110014b para a estrela é equivalente a 0,6 da que existe entre a Terra e o Sol, similar à de Vênus no Sistema Solar.

"É como imaginar um planeta três vezes maior que Júpiter com a órbita de Vênus ao redor do Sol", explicou a astrônoma, que comentou que a estrela vermelha tem duas vezes o tamanho do Sol.

A estrela tinha um primeiro planeta em órbita descoberto anteriormente e o trabalho de Soto permitiu identificar outro planeta.

Para isso utilizou o método da velocidade radial, que consiste na medição do movimento de uma estrela quando tem um planeta em órbita, já que os planetas emitem um sinal muito fraco e de difícil identificação.

"Os planetas são muito fracos se comparados com as estrelas e é preciso utilizar métodos indiretos para encontrá-los. Eu analisei os dados que tinham sido registrados durante anos para confirmar o primeiro planeta e descobri o segundo", relatou.

Jovem astrônoma chilena descobre planeta três vezes maior que Júpiter. *Galileu*, São Paulo, Globo, 19. ago. 2015. Ciência. Disponível em: <http://revistagalileu.globo.com/Ciencia/Espaco/noticia/2015/08/jovem-astronoma-chilena-descobre-planeta-tres-vezes-maior-que-jupiter.html>. Acesso em: 25 jan. 2018.

Galileu é uma revista voltada para publicações de inovações, ideias e atitudes nos campos da Ciência, da Tecnologia e do Comportamento. Escrita tanto para a comunidade científica quanto para o público em geral, visa fazer a divulgação da ciência de forma acessível. É disponibilizada nas versões impressa e digital.

Disponível em: <http://revistagalileu.globo.com>. Acesso em: 24 jan. 2018

Página inicial do *site* da revista *Galileu*.

Estudando o texto

1. Depois de ler o texto, sua opinião sobre os motivos pelos quais esse fato mereceu ser noticiado é a mesma? Por quê?

2. Qual é a ideia central dessa notícia?

_____

_____

3. Algumas notícias costumam apresentar, logo após o título, um parágrafo com destaque, chamado **linha fina**. Releia a linha fina da notícia e marque um **X** na alternativa que indica a função dela.

> *Maritza Soto tem 25 anos e já descobriu um planeta*

◯ Convencer o leitor a ler mais notícias sobre o mesmo fato.

◯ Complementar o título e destacar algumas informações da notícia.

4. Chamamos de **lide** a parte da notícia em que estão as principais informações sobre o fato noticiado. Releia-o abaixo.

> Uma astrônoma chilena de 25 anos descobriu um planeta que tem três vezes o tamanho de Júpiter, orbita uma estrela vermelha maior que o Sol e está situado a cerca de 290 milhões anos-luz da Terra.

Marque um **X** na alternativa correta quanto às informações apresentadas nesse parágrafo.

◯ Foi noticiada a descoberta de um novo planeta, três vezes maior que Júpiter, por uma jovem astrônoma chilena.

◯ Foi noticiado que uma mulher virou astrônoma ao descobrir um novo planeta no Sistema Solar.

5. O planeta descoberto também orbita o Sol? Explique.

_____

_____

6. A respeito da descoberta da astrônoma chilena, responda às questões.

a. Quais são as características do planeta descoberto?

_____

_____

b. Quando Maritza Soto descobriu esse planeta?

_____

c. Em que ano esse fato foi noticiado?

_____

d. Que nome o planeta descoberto recebeu?

_____

7. Maritza disse que utilizou o método velocidade radial para a observação.

a. Como é esse método?

_____

_____

b. Por que esse método é adequado para estudar planetas?

_____

_____

_____

8. A foto é um elemento que costuma fazer parte de uma notícia. Qual é a função da foto apresentada na notícia que você leu?

_____

_____

9. De que forma é possível saber do que se trata essa foto?

_____

_____

10. Leia a notícia abaixo, que apresenta o mesmo fato explorado na notícia das páginas **132** e **133**.

Astrônoma que descobriu novo planeta disse que estava só procurando uma caneta para anotar um recado

A astrônoma chilena Maritza Soto revelou com exclusividade ao *Sensacionalista* que descobriu um novo planeta enquanto procurava uma caneta para anotar um recado.

"Eu precisava anotar um recado e meu celular estava descarregado. Sem um carregador por perto, resolvi anotar em um papel mesmo. Achar o papel foi até fácil, coisa de meia hora. Em busca da caneta, revirei todos os armários e perguntei para todos os amigos ao redor. E como sempre acontece quando estamos procurando algo, encontrei outras coisas que eu nem sabia que existiam, neste caso, um novo planeta. Fiquei muito feliz", disse Maritza.

Rogério C. Rocha

Astrônoma que descobriu novo planeta disse que estava só procurando uma caneta para anotar um recado. *Sensacionalista*, 27 ago. 2015. Disponível em: <https://www.sensacionalista.com.br/2015/08/27/astronoma-que-descobriu-novo-planeta-disse-que-estava-so-procurando-uma-caneta-para-anotar-um-recado/>. Acesso em: 23 out. 2017.

a. Como é possível identificar que o fato apresentado nessa notícia é o mesmo noticiado na revista *Galileu*?

b. O modo como a descoberta foi apresentada nessa notícia é igual ao que foi apresentado na notícia publicada pela *Galileu*? Converse com os colegas sobre isso.

c. O modo como esse fato foi apresentado acima confere à notícia um tom de:

( ) humor.   ( ) seriedade.   ( ) transparência.

d. Segundo a notícia acima, como a astrônoma descobriu o novo planeta?

_____

_____

e. Qual é a função das aspas no segundo parágrafo dessa notícia?

_____

f. O *Sensacionalista* é um *site* que costuma criar notícias fictícias com base em fatos reais. Sabendo disso e de acordo com as informações que você leu no texto, qual é o objetivo dessa notícia?

_____

_____

g. Podemos dizer que as duas notícias têm os mesmos objetivos?

_____

_____

_____

h. Se você precisasse fazer um trabalho escolar sobre as descobertas de novos planetas, em qual das duas notícias se basearia? Por quê?

_____

_____

_____

11. Você sabia que algumas revistas *on-line* oferecem assinaturas gratuitas? Para fazer o pedido, é preciso preencher um formulário, enviá-lo à revista e confirmar seu interesse. Agora, você vai completar um formulário como se estivesse interessado em assinar uma revista. Para isso, recorte o formulário da página **267** do **Material complementar** e preencha-o. Em seguida, troque-o com um colega e verifique se ele completou todos os campos do formulário.

Lá vem apólogo

Você viu que a descoberta da astrônoma Maritza Soto virou notícia e seu trabalho acabou sendo motivo de reconhecimento. Contudo, muitas vezes o reconhecimento por um trabalho pode parecer injusto e incomodar. Ouça a leitura de um apólogo que o professor fará agora e veja o que um incômodo como esse pode causar.

Big_Ryan/iStock/
Getty Images

Estudando a língua

Numeral

1. Releia um trecho da notícia apresentada nas páginas **132** e **133** desta unidade.

> A descoberta de planetas na órbita de estrelas vermelhas gigantes é "pouco comum", pois se estima que apenas um a cada cinco planetas descobertos gira ao redor desse tipo de estrela, disse à Agência Efe.

a. Circule os algarismos que estão escritos por extenso no trecho acima.

| 10 | 8 | 1 | 7 | 5 | 3 |

b. Os algarismos da atividade anterior e as palavras correspondentes a eles no texto indicam:

◯ qualidades.   ◯ quantidades.   ◯ ações.

2. Releia outro trecho da mesma notícia e responda às questões.

> " [...] Eu analisei os dados que tinham sido registrados durante anos para confirmar o primeiro planeta e descobri o segundo", relatou.

a. Nesse trecho, a cientista se refere a quantos planetas?

_____

b. A descoberta desses planetas aconteceu ao mesmo tempo? Justifique sua resposta.

_____

_____

c. As palavras **primeiro** e **segundo**, usadas nesse trecho, indicam:

◯ ordem, sequência.   ◯ quantidade.   ◯ qualidade.

As palavras que indicam quantidade ou ordem (sequência), tanto na fala como na escrita, são chamadas de **numerais**. Os numerais também podem indicar multiplicação ou fração.

Veja a classificação dos numerais com base no que eles indicam e alguns exemplos.

Cardinais	Um, dois, três...
Ordinais	Primeiro, segundo, terceiro...
Multiplicativos	Dobro, triplo, quádruplo...
Fracionários	Meio, terço, quarto...

Os números, na escrita, podem ser representados por numerais ou por algarismos. Veja a seguir alguns exemplos.

Numerais	Algarismos
Quatro, cinquenta, sessenta e dois	4, 50, 62
Quarto, trigésimo, quadragésimo segundo	4°, 30°, 42°
Meio, um terço, dois quartos	$\frac{1}{2}$, $\frac{1}{3}$, $\frac{2}{4}$

Note, portanto, que os algarismos são sinais gráficos, e os numerais são palavras que equivalem a esse sinais.

Agora, veja a relação de concordância entre alguns numerais e o substantivo que os acompanha.

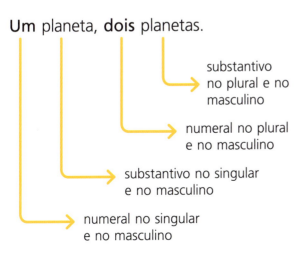

Um planeta, **dois** planetas.

substantivo no plural e no masculino

numeral no plural e no masculino

substantivo no singular e no masculino

numeral no singular e no masculino

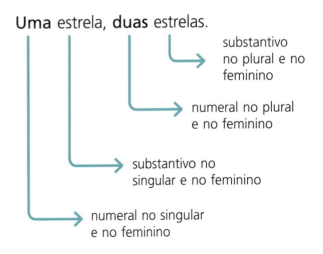

Uma estrela, **duas** estrelas.

substantivo no plural e no feminino

numeral no plural e no feminino

substantivo no singular e no feminino

numeral no singular e no feminino

Pratique e aprenda

1. Divirta-se com a anedota a seguir e, depois, responda às questões.

> Percebendo o entusiasmo dos alunos depois de uma visita ao parque, a professora resolveu testá-los:
>
> — Em cinco segundos, citem os cinco animais vistos no parque.
>
> Sem pensar muito, Juquinha respondeu:
>
> — Uma capivara e quatro formigas.
>
> Anedota popular.

Waldomiro Neto

a. Qual é a situação que provoca humor nessa anedota?

_____

_____

b. Quais são os numerais que acompanham os substantivos **animais, segundos, capivara** e **formiga**?

_____

_____

c. Qual é a classificação desses numerais?

_____

_____

d. Qual é a função desses numerais no texto?

_____

_____

e. Por que o numeral **uma** está no feminino?

_____

_____

2. Leia a seguir a receita de um suco refrescante e saudável. Depois, responda às questões.

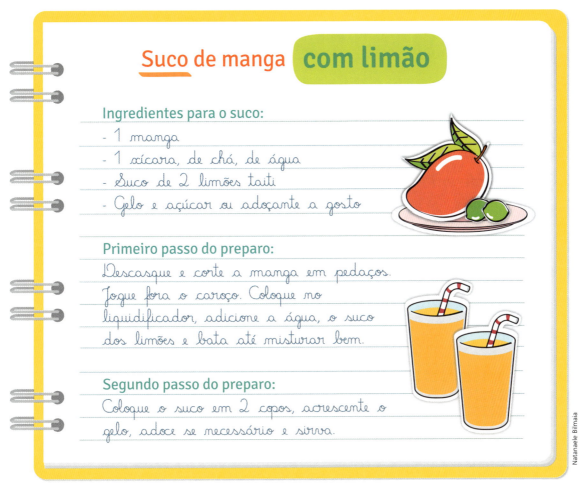

Suco de manga com limão

Ingredientes para o suco:

- 1 manga
- 1 xícara, de chá, de água
- Suco de 2 limões taiti
- Gelo e açúcar ou adoçante a gosto

Primeiro passo do preparo:

Descasque e corte a manga em pedaços. Jogue fora o caroço. Coloque no liquidificador, adicione a água, o suco dos limões e bata até misturar bem.

Segundo passo do preparo:

Coloque o suco em 2 copos, acrescente o gelo, adoce se necessário e sirva.

Natanaele Bilmaia

Fonte de pesquisa: Suco de manga com limão, de Rita Lobo. *Panelinha*. Disponível em: <http://www.panelinha.com.br/receita/Suco-de-manga-com-limao>. Acesso em: 11 jan. 2018.

a. Considerando a quantidade de ingredientes e o modo de preparo, essa receita é fácil ou difícil de preparar? Por quê?

_____

_____

b. A quantidade necessária de cada ingrediente é uma das informações mais importantes de uma receita. Quais elementos indicam essa informação?

_____

c. Em receitas, também é bastante importante a ordem da preparação. Quais palavras indicam essa ordem?

_____

Em dias ensolarados, de que cor é o céu no nosso planeta? Será que o céu de outros planetas também tem essa cor? Leia o texto de divulgação científica a seguir e descubra.

O céu também é azul em outros planetas?

Descubra o que a ciência pode dizer sobre a aparência do céu em Marte, Vênus e outros mundos vizinhos

Um dia bonito é um dia de céu azulzinho, certo? Bem, isso se você estiver na Terra. Em outros planetas, o céu pode ficar sempre nublado, ou escuro durante o dia, ou até avermelhado! Curioso, não acha? Imagine como seria interessante sentar para observar o céu em outros pontos do Sistema Solar...

Apesar de enxergarmos a luz do Sol como branca, ela é, na verdade, composta por todas as cores que vemos no arco-íris. Aqui na Terra, vemos o céu azul porque a componente azul da luz solar é espalhada em todas as direções enquanto atravessa nossa atmosfera, uma camada de gases que recobre nosso planeta. A cor azul é mais espalhada do que as outras cores porque tem o comprimento de onda aproximadamente do mesmo tamanho das moléculas que compõem os gases atmosféricos.

stevecoleimages/
iStock/Getty Images

Já no pôr do sol, vemos o céu avermelhado. Isso acontece porque, com o Sol perto do horizonte, sua luz, para nos alcançar, precisa atravessar uma camada maior da atmosfera. Nesse percurso maior, a componente azul se espalha tanto que acaba não chegando aos nossos olhos. Sobra apenas a faixa do amarelo ao vermelho, que sofre menos dispersão.

Nos outros planetas, a coisa muda de figura. Em Mercúrio, como praticamente não existe atmosfera, o céu é escuro durante o dia, pois não há espalhamento da luz solar. Assim como na Lua, de lá poderíamos ver o Sol e as outras estrelas ao mesmo tempo. Em Vênus, ocorre o contrário: por ter uma atmosfera extremamente densa, o céu desse planeta está permanentemente nublado, encoberto.

Já em Marte, ocorre o fenômeno de cores oposto ao da Terra. Lá, é a componente vermelha da luz solar que é mais espalhada, pois seu comprimento de onda tem tamanho semelhante às incontáveis partículas de poeira em suspensão na sua atmosfera rarefeita. Então, no planeta vermelho, o céu é avermelhado durante o dia, mas o pôr do sol é azulado.

E em Júpiter, Saturno, Urano e Netuno? Bem, esses planetas são conhecidos como gigantes gasosos, o que significa que não são formados por rochas como a Terra, mas por gases. Mesmo que você pudesse viajar até lá, seria impossível sentar e apreciar o céu: você não teria um chão onde apoiar o seu banquinho!

O céu também é azul em outros planetas?, de Eugênio Reis Neto. *Ciência Hoje das Crianças*, Instituto Ciência Hoje. Rio de Janeiro, 11 jan. 2016. Disponível em: <http://chc.org.br/o-ceu-tambem-e-azul-em-outros-planetas/>. Acesso em: 6 nov. 2017.

Disponível em: <http://chc.org.br>. Acesso em: 6 nov. 2017

O texto de divulgação científica que você leu foi publicado no *site* da revista *Ciência Hoje das Crianças*, criada especialmente para o público infantil, a fim de despertar a curiosidade e o prazer pelas ciências.

Página inicial do *site* da revista *Ciência Hoje das Crianças*.

Estudando o texto

1. As hipóteses que você levantou antes da leitura acerca da cor do céu em outros planetas se confirmaram com a leitura do texto? Converse com os colegas e o professor sobre isso.

2. Releia o seguinte trecho e responda às questões.

> Apesar de enxergarmos a luz do Sol como branca, ela é, na verdade, composta por todas as cores que vemos no arco-íris. Aqui na Terra, vemos o céu azul porque a componente azul da luz solar é espalhada em todas as direções enquanto atravessa nossa atmosfera, uma camada de gases que recobre nosso planeta.

RapidEye/iStock/Getty Images

a. Quais cores compõem a luz do Sol?

_____

_____

b. Sublinhe no trecho a informação que explica por que vemos a cor azul no céu diurno.

3. No pôr do sol, vemos o céu avermelhado. Por que isso acontece?

_____

_____

_____

_____

4. Por que seria impossível assistirmos a um pôr do sol sentados nos planetas Júpiter, Saturno, Urano e Netuno?

_____

_____

5. Dentre as diversas informações apresentadas pelo texto de divulgação científica, qual é a principal?

_____

_____

6. O título do texto que você leu é uma pergunta. Ela foi respondida ao longo do texto? Justifique sua resposta.

_____

_____

7. Você já estudou que o texto curto que aparece abaixo do título de alguns gêneros recebe o nome de **linha fina**.

a. Releia a linha fina do texto e escreva que função ela exerce.

_____

_____

b. Em quais outros gêneros podemos encontrar uma linha fina?

_____

_____

8. Releia o trecho a seguir, prestando atenção à expressão destacada.

> Nos outros planetas, **a coisa muda de figura**. Em Mercúrio, como praticamente não existe atmosfera, o céu é escuro durante o dia, pois não há espalhamento da luz solar.

a. Nesse contexto, qual é o sentido da expressão destacada?

_____

_____

b. Essa expressão costuma ser empregada em contextos formais ou informais? Que efeito o uso dela cria nesse texto?

_____

_____

9. Releia o seguinte trecho.

> Um dia bonito é um dia de céu **azulzinho**, certo? Bem, isso se você estiver na Terra. Em outros planetas, o céu pode ficar sempre nublado, ou escuro durante o dia, ou até avermelhado! Curioso, não acha?

a. As perguntas realizadas nesse trecho são direcionadas a quem?

_____

b. Essa estratégia aproxima ou afasta o leitor do texto? Por quê?

_____

_____

c. A palavra **azulzinho**, destacada no trecho, foi utilizada no diminutivo para:

◯ explicar ao leitor que o azul do céu é pequeno.

◯ exprimir que o céu é muito azul.

10. O gênero que você leu recebe o nome de **texto de divulgação científica**.

a. Marque um **X** na alternativa que apresenta o objetivo desse texto.

◯ Informar leitores não especialistas sobre as pesquisas e descobertas científicas.

◯ Ensinar a leitores especialistas como realizar pesquisas científicas.

b. Complete a seguinte informação: o registro da língua que predomina no

texto lido é o _____, com explicações em linguagem clara e simples.

11. Em qual veículo esse texto de divulgação científica foi publicado? E qual é, provavelmente, o seu público-alvo?

_____

_____

_____

Palavras: significados e usos

Polissemia

1. Releia a seguir um trecho do texto de divulgação científica desta unidade.

Já em Marte, ocorre o fenômeno de cores oposto ao da Terra. Lá, é a componente vermelha da luz solar que é mais espalhada, pois seu comprimento de onda tem tamanho semelhante às incontáveis partículas de poeira em suspensão na sua atmosfera rarefeita. Então, no planeta vermelho, o céu é avermelhado durante o dia, mas o pôr do sol é azulado.

Agora leia o verbete de dicionário da palavra **atmosfera** e, em seguida, o da palavra **fenômeno**, empregadas no trecho acima.

atmosfera (at.mos.fe.ra) *sf* **1.** Camada de gases que envolve um astro; **2.** camada de ar que envolve a Terra; **3.** *fig.* um ambiente ou situação como são percebidos e pela sensação que causam, clima (*A rivalidade entre as torcidas deixou uma atmosfera desagradável na saída do estádio.*).

Saraiva Jovem: dicionário da língua portuguesa ilustrado. São Paulo: Saraiva, 2010. p. 91.

fenômeno (fe.nô.me.no) *sm* **1.** Qualquer acontecimento da natureza que pode ser observado (*O tornado é um fenômeno meteorológico que causa muita destruição por onde passa.*); **2.** *por ext.*, qualquer acontecimento que possa ser percebido pelos sentidos ou pela consciência (*A violência é um fenômeno social que surgiu devido à falta de emprego, pobreza, ausência de instrução escolar, dentre outros fatores.*); **3.** coisa ou acontecimento raro e surpreendente (*fenômenos sobrenaturais; fenômenos paranormais*); **4.** pessoa com qualidade ou talento extraordinário (*Por causa de sua ótima atuação em campo, o jogador brasileiro de futebol Ronaldo é conhecido como "Ronaldo, o fenômeno".*).

Saraiva Jovem: dicionário da língua portuguesa ilustrado. São Paulo: Saraiva, 2010. p. 450.

a. Quantos significados o verbete da palavra **atmosfera** apresenta? E o da palavra **fenômeno**?

_____

_____

b. Qual dos significados apresentados no verbete **atmosfera** corresponde ao usado no texto da página anterior?

_____

c. E qual dos significados apresentados no verbete **fenômeno** corresponde ao usado no texto da página anterior?

_____

2. Leia, a seguir, dois títulos de notícia que também apresentam as palavras **fenômeno** e **atmosfera**.

Miqueias. A história de um pequeno cearense que é fenômeno nos campos de golfe

Miqueias. A história de um pequeno cearense que é fenômeno nos campos de golfe, de Domitila Andrade. *O Povo*, Fortaleza, 24 dez. 2017. Disponível em: <https://www.opovo.com.br/jornal/dom/2017/12/miqueias-a-historia-de-um-pequeno-cearense-que-e-fenomeno-nos-campos.html>. Acesso em: 9 jan. 2018.

Teatro para crianças cria atmosfera mágica e sensorial

Teatro para crianças cria atmosfera mágica e sensorial. *Correio Braziliense*, Brasília, 3 jan. 2018. Diversão e Arte. Disponível em: <http://www.correiobraziliense.com.br/app/noticia/diversao-e-arte/2018/01/03/interna_diversao_arte,651015/espetaculo-leva-bach-em-linguagem-encantada-para-as-criancas.shtml>. Acesso em: 9 jan. 2018.

a. As palavras **fenômeno** e **atmosfera** usadas nesses títulos têm o mesmo sentido que as usadas no texto de divulgação científica? Justifique sua resposta.

_____

_____

b. Dos significados apresentados no verbete **fenômeno** e no verbete **atmosfera**, quais correspondem aos usados nesses títulos?

_____

_____

Grande parte das palavras da língua portuguesa tem mais de um significado. Essa característica das palavras é chamada de **polissemia**.

3. Leia a tirinha a seguir e responda às questões.

Armandinho cinco, de Alexandre Beck. Florianópolis: A. C. Beck, 2015. p. 17.

a. Em que período festivo do ano o fato apresentado na tirinha acontece? Justifique sua resposta.

b. Que tradição desse período está sendo representada na cena?

_____

_____

c. Qual mensagem essa tirinha pretende passar para o leitor?

_____

_____

d. Note que a palavra **presente** foi usada no segundo e no terceiro quadrinhos. Essa palavra tem o mesmo significado nos dois casos? Justifique sua resposta.

_____

_____

_____

e. O item **d** revela qual característica da palavra **presente**?

_____

Estudando a língua

Pronomes demonstrativos

1. Releia um trecho do texto de divulgação científica desta unidade e responda às questões.

> Um dia bonito é um dia de céu azulzinho, certo? Bem, isso se você estiver na Terra. Em outros planetas, o céu pode ficar sempre nublado, ou escuro durante o dia, ou até avermelhado!

a. Analise a palavra **isso**, usada na segunda frase desse trecho. A que informação citada na primeira frase essa palavra se refere?

_____

b. Podemos dizer que a palavra **isso**:

◯ indica que será dada uma nova informação no texto.

◯ retoma uma informação citada anteriormente no texto.

c. Que importância a palavra **isso** tem nesse parágrafo?

_____

_____

O **pronome demonstrativo** é uma importante ferramenta textual usada para fazer referência a informações dentro do próprio texto e, com isso, evitar repetições desnecessárias. Ele também contribui para a fluidez da leitura e a continuidade do texto.

Veja a seguir um quadro com os pronomes demonstrativos.

Pronomes demonstrativos	
este, esta, estes, estas	isto
esse, essa, esses, essas	isso
aquele, aquela, aqueles, aquelas	aquilo

Pronomes possessivos

1. Releia mais um trecho do texto de divulgação científica desta unidade e responda às questões.

> Já em Marte, ocorre o fenômeno de cores oposto ao da Terra. Lá, é a componente vermelha da luz solar que é mais espalhada, pois seu comprimento de onda tem tamanho semelhante às incontáveis partículas de poeira em suspensão na sua atmosfera rarefeita.

a. Analise a expressão **atmosfera rarefeita**, citada nesse trecho. Que palavra acompanha essa expressão?

_____

b. Essa palavra indica uma ideia de:

◯ tempo.   ◯ posse.   ◯ ação.

c. Essa palavra também indica para o leitor o planeta que possui a atmosfera rarefeita. Que planeta é esse?

_____

2. Agora, analise a expressão **comprimento de onda** citada nesse trecho.

a. A que elemento esse comprimento de onda pertence?

_____

_____

b. Que palavra acompanha essa expressão, caracterizando-a como pertencente a esse elemento?

_____

O **pronome possessivo** é aquele que acompanha um substantivo caracterizando-o como pertencente a alguém ou a algum elemento reconhecíveis pelo contexto.

Veja a seguir um quadro com os pronomes possessivos.

Pronomes possessivos	
meu, minha, meus, minhas	nosso, nossa, nossos, nossas
teu, tua, teus, tuas	vosso, vossa, vossos, vossas
seu, sua, seus, suas	seu, sua, seus, suas

Pratique e aprenda

1. Leia o artigo de curiosidade científica a seguir.

Robô combate a corrupção

Um grupo de oito pessoas que trabalham com tecnologia criou uma máquina que identifica se um político está falando a verdade sobre os seus gastos. Por mês, todo deputado tem direito a gastar até R$ 44 mil com serviços que envolvem trabalho, como passagens de avião, combustível para o carro e alimentação.

A invenção, chamada Rosie, em homenagem ao robô do desenho *Os Jetsons*, avalia se um almoço pelo qual o político diz ter gastado R$ 200, por exemplo, custou isso mesmo ou se ele usou o dinheiro para pagar coisas que não têm a ver com trabalho, como refeições para convidados. Para fazer a análise, a máquina checa os pagamentos feitos pelos deputados e verifica se há algo suspeito, como uma compra muito mais cara do que a média, ou algo que foi adquirido na mesma hora em que o político fazia um discurso.

Toda vez que Rosie acha que algo está errado, um humano olha os dados e, dependendo do caso, manda a denúncia para a Câmara dos Deputados. Por enquanto, o robô foca em gastos com refeições irregulares. Até agora, a máquina e os humanos responsáveis por ela já fizeram 3.500 denúncias de mau uso do dinheiro.

Robô combate a corrupção. *Joca*. São Paulo, Editora Magia de Ler, n. 89, fev. 2017. Finanças, p. 9.

Rogério C. Rocha

a. Que fato é tratado nesse texto?

_____

b. Por que um grupo de cientistas resolveu desenvolver o robô Rosie?

_____

_____

2. Releia um trecho do texto da página anterior.

> Um grupo de oito pessoas que trabalham com tecnologia criou uma máquina que identifica se um político está falando a verdade sobre os seus **gastos**.

a. Qual é o significado da palavra **gastos**, destacada nesse trecho?

_____

b. De quem são os gastos informados nesse trecho?

_____

c. Que palavra é responsável por indicar as pessoas que realizam os gastos? Como essa palavra é classificada?

_____

3. Releia outro trecho do texto da página anterior.

> A invenção, chamada Rosie, em homenagem ao robô do desenho _Os Jetsons_, avalia se um almoço pelo qual o político diz ter gastado R$ 200, por exemplo, custou isso mesmo ou se ele usou o dinheiro para pagar coisas que não têm a ver com trabalho, como refeições para convidados.

a. Identifique, nesse trecho, um pronome demonstrativo que está retomando uma informação e circule-o.

b. Que informação o pronome circulado está retomando?

_____

Como se escreve?

Palavras primitivas, derivadas e compostas

1. As duas palavras abaixo foram empregadas no artigo de divulgação científica que você leu.

impossível   azulado

a. A palavra **impossível** foi formada a partir de qual palavra? Marque um **X** na alternativa correta.

◯ Possível.   ◯ Possibilitar.   ◯ Posse.

b. A palavra **azulado** foi formada a partir de qual palavra? Marque um **X** na alternativa correta.

◯ Azulejo.   ◯ Azul.   ◯ Lado.

c. A parte que acrescentamos no início das palavras para formar uma palavra derivada recebe o nome de **prefixo**. A parte que acrescentamos ao final, **sufixo**. Identifique essas partes nas palavras **impossível** e **azulado**.

_____

d. O que é algo impossível?

_____

_____

e. E algo azulado?

_____

_____

Palavras primitivas são as que dão origem a outras palavras, como **possível** e **azul**.

Palavras derivadas são as formadas a partir de palavras primitivas com o acréscimo de prefixo ou sufixo, como **impossível** e **azulado**.

2. Escreva o nome de cada imagem abaixo.

_____   _____   _____

a. Essas palavras foram formadas a partir de quais palavras?

_____

_____

_____

b. O que é possível perceber quanto à união das palavras usadas para formar as palavras que você escreveu?

_____

_____

_____

c. Qual dessas três palavras ganhou uma letra no processo de formação? Por que isso aconteceu?

_____

_____

_____

Algumas palavras da nossa língua são compostas a partir da união de duas ou mais palavras, como **arco-íris**, **paraquedas** e **girassol**.

Algumas palavras compostas são escritas com hífen e outras sofrem modificações, como acréscimo ou perda de letra.

Pratique e aprenda

1. Escreva o nome de cada imagem e classifique a palavra em: primitiva, derivada ou composta.

_____   _____

_____   _____

_____   _____

_____   _____

2. Recorte de revistas e jornais palavras primitivas, derivadas e compostas e cole-as nos respectivos quadros abaixo.

Palavras primitivas	Palavras derivadas	Palavras compostas

Produção oral

Realizar uma entrevista

Nesta unidade, você leu uma notícia sobre a descoberta feita pela astrônoma chilena Maritza Soto e pôde conhecer um pouco sobre seu trabalho e empenho profissional. Agora, você vai formar um grupo com mais dois ou três colegas para simular uma entrevista televisiva ou radiofônica com algum profissional, a fim de mostrar para a turma como é o trabalho dele.

Planejem

Antes de iniciar a produção, leiam as orientações a seguir.

- Releiam a entrevista da unidade **3** para relembrar as características desse gênero.

- Definam se gostariam de apresentar aos colegas uma entrevista radiofônica ou televisiva.

art-sonik/iStock/ Getty Images

Aprenda mais!

As sugestões a seguir podem ajudar vocês na sua produção. Procurem acessar ambas as entrevistas para conhecer as características delas e observar como elas acontecem.

Rolando Boldrin foi entrevistado no programa *Roda Viva*, da TV Cultura. A entrevista televisiva com o apresentador e contador de casos pode ser assistida no endereço abaixo.

<https://www.youtube.com/watch?v=iC5AOAmSQOY>

Acesso em: 10 jan. 2018.

No endereço a seguir, vocês encontram o áudio da entrevista radiofônica com Augusto Oliveira, o Augusto Bonequeiro, artista de teatro de bonecos do Ceará.

<http://www.radiouniversitariafm.com.br/memoria/teatro-de-bonecos-e-destaque-no-programa-entrevista/>

Acesso em: 10 jan. 2018.

- Escolham o profissional que vão entrevistar. Pode ser um professor, agricultor, médico, zelador, pintor, músico, fisioterapeuta, psicólogo, dentista, jardineiro, advogado, arquiteto, cozinheiro, secretário, enfim alguma profissão que lhes chame a atenção por algum motivo.

- Se sua entrevista for televisiva, é necessário um equipamento eletrônico para realizar a filmagem. Para isso, vocês podem utilizar um celular, uma câmera, um *tablet* etc. Será necessário também uma pessoa que realize a gravação enquanto vocês entrevistam o profissional.

- Se for radiofônica, vocês deverão levar um gravador de voz no momento da entrevista ou gravar o áudio com um celular ou *tablet*.

- Marquem antecipadamente uma data com o entrevistado e façam uma pesquisa sobre a profissão dele, anotando suas dúvidas para que sejam sanadas durante a entrevista.

- Elaborem um roteiro com perguntas a serem realizadas na entrevista e estabeleçam a ordem em que elas serão feitas e quem fará cada uma delas. Antes do dia marcado, verifiquem se há questões que podem ser acrescentadas ou mesmo excluídas.

- Se possível, ensaiem a entrevista e aproveitem para verificar as condições do equipamento eletrônico escolhido.

- De acordo com o perfil do entrevistado, a entrevista pode ser mais ou menos formal, mesmo assim as perguntas devem ser claras e objetivas. Procurem fazer a concordância entre os pronomes pessoais sujeitos das frases e seus respectivos verbos.

- Respeitem a variação linguística da fala do entrevistado e o registro linguístico que ele empregar.

Realizem

No dia marcado para a entrevista, sejam pontuais e não se esqueçam de levar o roteiro. Conversem, antes da gravação, com o entrevistado sobre as perguntas que vão fazer a ele e avaliem se alguma questão deve ser retirada ou se alguma pode ser acrescentada.

Ao começar a entrevista, apresentem o entrevistado informando seu nome, idade, profissão e há quanto tempo se dedica a ela.

Durante a realização da entrevista, procurem não ficar presos ao roteiro. Caso o entrevistado diga algo interessante, aproveitem e improvisem outras perguntas. Utilizem um tom de voz adequado e procurem se manter calmos. Se necessário, interrompam a gravação e comecem novamente. Ao final, agradeçam ao entrevistado.

Para fazer juntos!

Exibição das entrevistas

Finalizadas as entrevistas, é o momento de exibi-las à turma. O professor vai marcar uma data para que isso aconteça.

Antes disso, reúnam-se em dois grupos: o dos que fizeram entrevistas radiofônicas e o dos que realizaram entrevistas televisivas. Escolham um aluno de cada grupo para gravar uma chamada a fim de anunciar as entrevistas e apresentar informações gerais sobre o entrevistado e sobre o que ele falou.

No dia marcado, reservem o equipamento que vão utilizar para exibir as entrevistas e apresentem primeiramente a chamada que gravaram a fim de simular um jornal. Durante a exibição, prestem atenção em como cada colega realizou a entrevista e também aproveitem para conhecer mais sobre as profissões.

Avaliem

Ao terminar de assistir às entrevistas e ouvi-las, respondam aos questionamentos propostos a fim de avaliar seu desempenho nesta atividade.

	Sim	Não
Antes de realizar a produção, fizemos uma pesquisa sobre o gênero entrevista?		
As perguntas do roteiro auxiliaram a entrevista?		
O entrevistado foi ouvido com atenção e respeito?		
Utilizamos um registro da língua adequado à situação comunicativa?		
A qualidade da gravação da entrevista ficou boa?		

Aprenda mais!

Você já ouviu falar sobre Oswaldo Cruz? E Alberto Santos Dumont? Sabe quem foi Graziela Maciel Barroso?

A série em animação *Um cientista, uma história* apresenta a trajetória dessas e de outras personalidades brasileiras, que contribuíram para o desenvolvimento do nosso país por meio das suas descobertas científicas.

Assista aos episódios para conhecer a biografia deles e descobrir um pouco sobre as importantes contribuições desses cientistas para o nosso país e o mundo.

<http://www.futuraplay.org/serie/um-cientista-uma-historia/>
Acesso em: 10 jan. 2018.

Ponto de chegada

Agora vamos revisar os conteúdos estudados nesta unidade. Para isso, façam uma roda de conversa e respondam juntos às questões abaixo.

1. O que é apresentado no lide de uma notícia?

2. Qual é a importância dos numerais em um texto?

3. Qual é o objetivo de um artigo de divulgação científica?

4. O que é polissemia? Cite alguns exemplos.

5. Qual é a importância dos pronomes possessivos e demonstrativos nos textos?

6. O que é uma palavra primitiva? E uma palavra derivada? Cite alguns exemplos.

7. Que nome recebem as partes que adicionamos na formação de palavras derivadas?

vasabii/
Shutterstock.
com/ID/BR

6 O espetáculo vai começar!

Foto da peça *João e Maria*, encenada pela Companhia Le Plat Du Jour, direção de Alexandra Golik e Carla Candiotto, no Teatro Viradalata, São Paulo, em 2013.

Ponto de partida

1. O que esta imagem representa?

2. Você já assistiu a alguma peça de teatro? Em caso afirmativo, qual?

3. Em sua opinião, em que lugares pode ser encenada uma peça de teatro?

Lendo uma crônica

Em algumas escolas, é comum a apresentação de peças teatrais ao longo do ano. Você já participou de alguma? A crônica a seguir apresenta os bastidores de uma peça de teatro. Observe as ilustrações que acompanham o texto. A partir delas, o que você acha que aconteceu? Converse com os colegas sobre essas questões.

Peça infantil

A professora começa a se arrepender de ter concordado ("Você é a única que tem temperamento para isto") em dirigir a peça quando uma das fadinhas anuncia que precisa fazer xixi. É como um sinal. Todas as fadinhas decidem que precisam, urgentemente, fazer xixi.

— Está bem, mas só as fadinhas — diz a professora. — E uma de cada vez!

Mas as fadinhas vão em bando para o banheiro.

— Uma de cada vez! Uma de cada vez! E você, aonde é que pensa que vai?

— Ao banheiro.

— Não vai não.

— Mas, tia...

— Em primeiro lugar, o banheiro já está cheio. Em segundo lugar, você não é fadinha, é caçador. Volte para o seu lugar.

Um pirata chega atrasado e com a notícia de que sua mãe não conseguiu terminar a capa. Serve uma toalha?

— Não. Você vai ser o único de capa branca. É melhor tirar o tapa-olho e ficar de anão. Vai ser um pouco engraçado, oito anões, mas tudo bem. Por que você está chorando?

— Eu não quero ser anão.

— Então fica de lavrador.

— Posso ficar com o tapa-olho?

— Pode. Um lavrador de tapa-olho. Tudo bem.

— Tia, onde é que eu fico?

É uma margarida.

— Você fica ali.

A professora se dá conta de que as margaridas estão desorganizadas.

— Atenção, margaridas! Todas ali. Você não. Você é coelhinho.

— Mas o meu nome é Margarida.

Rogério Marmo

— Não interessa! Desculpe, a tia não quis gritar com você. Atenção, coelhinhos. Todos comigo. Margaridas ali, coelhinhos aqui. Lavradores daquele lado, árvores atrás. Árvore, tira o dedo do nariz. Onde é que estão as fadinhas? Que xixi mais demorado.

— Eu vou chamar.

— Fique onde está, lavrador. Uma das margaridas vai chamá-las.

— Já vou.

— Você não, Margarida! Você é coelhinho. Uma das margaridas. Você. Vá chamar as fadinhas. Piratas, fiquem quietos.

— Tia, o que é que eu sou? Eu esqueci o que eu sou.

— Você é o Sol. Fica ali que depois a tia... Piratas, por favor!

As fadinhas começam a voltar. Com problemas. Muitas se enredaram nos seus véus e não conseguem arrumá-los. Ajudam-se mutuamente, mas no seu nervosismo só pioraram a confusão.

— Borboletas, ajudem aqui — pede a professora.

Mas as borboletas não ouvem. As borboletas estão etéreas. As borboletas fazem poses, fazem esvoaçar seus próprios véus e não ligam para o mundo. A professora, com a ajuda de um coelhinho amigo, de uma árvore e de um camponês, desembaraça os véus das fadinhas.

— Piratas, parem. O próximo que der um pontapé vai ser anão.

Desastre: quebrou uma ponta da Lua.

— Como é que você conseguiu isso? — pergunta a professora sorrindo, sentindo que o seu sorriso deve parecer demente.

— Foi ela!

A acusada é uma camponesa gorda que gosta de distribuir tapas entre os seus inferiores.

— Não tem remédio. Tira isso da cabeça e fica com os anões.

— E a minha frase?

A professora tinha esquecido. A Lua tem uma fala.

— Quem diz a frase da Lua é, deixa ver... O relógio.

— Quem?

— O relógio. Cadê o relógio?

etéreas: aéreas, que não estão prestando atenção

Rogério Marmo

— Ele não veio.

— O quê?

— Está com caxumba.

— Ai, meu Deus. Sol, você vai ter que falar pela Lua. Sol, está me ouvindo?

— Eu?

— Você, sim senhor. Você é o Sol. Você sabe a fala da Lua?

— Me deu uma dor de barriga.

— Essa não é a frase da Lua.

— Me deu mesmo, tia. Tenho que ir embora.

— Está bem, está bem. Quem diz a frase da Lua é você.

— Mas eu sou caçador.

— Eu sei que você é caçador! Mas diz a frase da Lua! E não quero discussão!

— Mas eu não sei a frase da Lua.

— Piratas, parem!

— Piratas, parem. Certo.

— Eu não estava falando com você. Piratas, de uma vez por todas...

A camponesa gorda resolve tomar a justiça nas mãos e dá um croque num pirata. A classe é unida e avança contra a camponesa, que recua, derrubando uma árvore. As borboletas esvoaçam. Os coelhinhos estão em polvorosa. A professora grita:

— Parem! Parem! A cortina vai abrir. Todos a seus lugares. Vai começar!

— Mas, tia, e a frase da Lua?

— "Boa noite, Sol".

— Boa noite.

— Eu não estou falando com você!

— Eu não sou mais o Sol?

— É. Mas eu estava dizendo a frase da Lua. "Boa noite, Sol."

Rogério Marmo

— Boa noite, Sol. Boa noite, Sol. Não vou esquecer. Boa noite, Sol...

— Atenção, todo mundo! Piratas e anões nos bastidores. Quem fizer um barulho antes de entrar em cena, eu esgoelo. Coelhinhos nos seus lugares. Árvores, para trás. Fadinhas, aqui. Borboletas, esperem a deixa. Margaridas, no chão.

Todos se preparam.

— Você não, Margarida! Você é coelhinho!

Abre o pano.

Peça infantil, de Luis Fernando Verissimo. Em: *Festa de criança*. São Paulo: Ática, 2000. p. 11-14.
© by Luis Fernando Verissimo.

Rogério Marmo

A crônica que você leu foi publicada no livro *Festa de criança*, do renomado autor gaúcho Luis Fernando Verissimo, e ilustrado por Caulos. Esse livro faz parte da coleção Para Gostar de Ler Júnior. Luis Fernando Verissimo nasceu em Porto Alegre em 1936 e, além de crônicas, escreve também roteiros, contos, peças teatrais e HQs.

Capa do livro *Festa de criança*, de Luis Fernando Verissimo.

Ática/Arquivo da editora

Estudando o texto

1. O que você achou que fosse acontecer no decorrer do texto se confirmou após a leitura? Converse com os colegas sobre suas impressões.

2. Que nome você daria para o título da peça que está sendo encenada nessa escola? Por quê?

3. A **crônica** é uma narrativa inspirada em uma situação do cotidiano e narrada, geralmente, de forma humorística ou crítica. Qual situação foi narrada na crônica que você acabou de ler?

4. O objetivo dessa crônica é provocar o humor ou fazer uma crítica?

5. Em sua opinião, por que a situação apresentada pode ser tema de uma crônica?

6. Sobre os acontecimentos narrados nessa crônica, responda às questões a seguir.

a. Eles duraram muito ou pouco tempo? Justifique sua resposta.

_____

_____

b. Onde eles aconteceram?

_____

c. Quem participa desses acontecimentos?

_____

7. Circule, no quadro a seguir, somente as palavras que representam personagens que fazem parte da peça teatral do texto lido.

margarida	Sol	tartaruga	relógio	morango
nuvem	fadinha	anão	bruxa	caçador	Lua
lavrador	cachorro	coelhinho	pirata	árvore	leão
formiga	borboleta	camponês	princesa	camponesa

8. Releia o trecho a seguir.

> A professora começa a se arrepender de ter concordado ("Você é a única que tem temperamento para isto") em dirigir a peça quando uma das fadinhas anuncia que precisa fazer xixi. É como um sinal. Todas as fadinhas decidem que precisam, urgentemente, fazer xixi.

Rogério Marmo

a. As aspas foram utilizadas para indicar a fala de outra pessoa, que não é a da professora. Quem poderia ter dito essa frase para a professora?

_____

_____

b. Qual é a função dos parênteses nesse trecho? Marque um **X** na alternativa correta.

◯ Eles são utilizados para apresentar uma informação essencial nesse trecho.

◯ Eles são utilizados para complementar o texto com uma informação secundária.

9. Releia algumas falas abaixo.

A — Quem diz a frase da Lua é, deixa ver... o relógio.

B — Você é o Sol. Fica ali que depois a tia... Piratas, por favor! Sol...

a. Por que foi utilizado o travessão no início das frases?

_____

b. Qual é a função das reticências em cada uma dessas falas?

_____

_____

_____

10. No discurso direto, a fala dos personagens é apresentada da forma como foi dita; já no discurso indireto, é o narrador que reproduz a fala dos personagens com as palavras dele. Qual tipo de discurso predomina nessa crônica? Justifique sua resposta.

_____

_____

11. Como o narrador dessa crônica pode ser classificado?

◯ Narrador-observador, pois não participa dos fatos.

◯ Narrador-personagem, pois participa dos fatos.

12. Releia o trecho a seguir.

> A professora se dá conta de que as margaridas estão desorganizadas.
>
> — Atenção, margaridas! Todas ali. Você não. Você é coelhinho.
>
> — Mas o meu nome é Margarida.

Que acontecimento produz efeito de humor nesse trecho?

_____

_____

13. O que significa a expressão "Abre o pano", utilizada no final do texto?

14. Em sua opinião, a peça foi encenada com sucesso? Por quê?

Aprenda mais!

Cara ou coroa?, do cronista Fernando Sabino, é outro livro da coleção Para Gostar de Ler Júnior. Este livro reúne 28 histórias que tratam de assuntos cotidianos, às vezes com emoção e às vezes com humor.

Ática/Arquivo da editora

Cara ou coroa?, de Fernando Sabino. São Paulo: Ática, 2005 (Para Gostar de Ler Júnior).

Como se escreve?

Palavras derivadas por adição de prefixo e de sufixo

1. Releia as palavras a seguir, empregadas na crônica "Peça infantil".

> **desembaraça**   **fadinhas**

a. Que palavra deu origem à palavra **desembaraça**?

_____

b. E a partir de qual palavra é formada a palavra **fadinhas**?

_____

c. As palavras acima foram formadas com o acréscimo das partes **des-** e **-inhas**, respectivamente. Que nome recebe cada uma dessas partes?

_____

d. Que sentido essas partes criam nas palavras que formam?

_____

2. Agora, observe outra palavra que também foi empregada na crônica.

engraçado

a. Qual palavra deu origem a essa palavra?

_____

b. Note que a palavra **engraçado** recebeu um prefixo e um sufixo ao mesmo tempo. Circule-os na palavra acima.

c. Ao receber o prefixo e o sufixo que você circulou, o substantivo **graça** transformou-se em um:

◯ pronome.   ◯ adjetivo.   ◯ verbo.

> Uma palavra derivada pode receber um prefixo, um sufixo ou um prefixo e um sufixo ao mesmo tempo em sua formação. Os prefixos e os sufixos acrescentam significações às palavras que formam.

Pratique e aprenda

Salamandra/Arquivo da editora

1. Observe a capa de livro ao lado.

a. Marque no quadro abaixo a classificação das palavras que formam o título desse livro.

	Primitiva	Derivada
velha		
misteriosa		

Capa do livro *A velha misteriosa*, de Ana Maria Machado.

b. Que sufixo foi usado para formar a palavra derivada nesse título?

_____

c. A palavra derivada foi formada a partir de qual palavra?

_____

d. Ao receber o sufixo que você escreveu, a palavra primitiva transformou-se em um:

◯ substantivo.   ◯ adjetivo.   ◯ verbo.

2. Utilize as palavras primitivas e os prefixos e sufixos do quadro abaixo para formar palavras derivadas. Faça as adequações necessárias.

palavras primitivas	prefixos	sufixos
delicado; decisão; folha; fazer; consumo; porta; fiel; doce; carro; ferro.	in-; des-; re-	-eiro; -ismo; -agem

_____

_____

Divirta-se e aprenda

Dominó das palavras primitivas e derivadas

É hora de brincar com os colegas. Para isso, recortem as peças do **Dominó das palavras primitivas e derivadas** da página 269, do **Material complementar**, e ouçam as orientações do professor.

Lendo um trecho de texto dramático

Agora, você vai ler um trecho de um texto dramático sobre seis fadas: três mães e três filhas. Leia o título a seguir e observe as imagens que acompanham o texto. O que você imagina que as fadinhas filhas aprontaram? Vamos ler para descobrir?

A fada que tinha ideias

CENÁRIO

Quase todo o tempo, o cenário consta apenas de três casinhas, onde moram as fadas-vizinhas e que cercam o centro do palco. Neste se desenrola tudo o que se passa na casa de Clara Luz. São os gestos dos atores que mostram tratar-se de uma casa. As menções à porta, janela, móveis, são só para esclarecer o desenrolar da ação. Por exemplo, quando se fala em espanar os móveis não há móvel nenhum, é um faz de conta. Só certos objetos como o bule, o tacho, serão reais.

As três casinhas devem ser facilmente removíveis, pois em alguns momentos da peça serão retiradas. Podem, por exemplo, constar apenas de uma fachada com porta e janela.

PERSONAGENS

Clara Luz	Fada 3
Fada-Mãe	Fadinha 1
Fada 1	Fadinha 2
Fada 2	Fadinha 3
[...]	

menções: referências, citações

Isabela Santos

Cena 10 – Janelas das vizinhas e fora de casa

FADA 2 — Que horror! Vizinha! Vizinha! Venha ver uma porção de bichos correndo lá fora! O Céu virou um jardim zoológico!

FADA 1 — Não diga! Que perigo, meu Deus!

FADA 3 — E nossas filhas que estão lá no meio das feras!

FADAS — *(Gritando para as filhas.)* Venham já para dentro!

FADINHA 3 — *(Chorando revoltada.)* Mas mamãe, logo agora que a brincadeira está ficando boa!

FADA 3 — Que boa o quê, menina! Quer ser devorada por algum leão?

FADINHA 3 — Mas mamãe, fui eu que fiz esse leão. Ele não morde.

FADA 3 — Morde, sim senhora. Você não tem medo nem de leão, menina?

FADINHA 3 — Eu não, mamãe. Já disse que fui eu que fiz!

FADA 3 — *(Para as vizinhas.)* Minha filha disse que fez um leão!

FADA 1 — E a minha disse que fez um pássaro que canta tudo.

FADA 3 — Não é possível. Elas ainda nem aprenderam a fazer tapete mágico direito! (*Pensa um pouco e decide.*) Nossas filhas não sabem fazer leão, pronto! Está acabado!

FADINHA 3 — (*Na maior choradeira.*) Sei fazer leão, sim. Já disse que sei!

FADINHA 1 — (*Também na maior choradeira.*) Não quero aprender a fabricar tapete mágico. Sei fazer coisa que vive e tem voz!

FADA 1 — Mas querida, tapete mágico é muito útil. Que diferença faz se tem voz ou não tem voz?

FADINHA 1 — (*Soluçando.*) Faz muita diferença! Faz uma diferença enorme!

FADA 2 — Que será que essas meninas têm hoje, meu Deus! Nunca vi ninguém chorar tanto por causa de uma simples girafa!

FADINHA 2 — (*Chorando mais ainda.*) Minha girafa não é simples. Ninguém entende a minha girafa. Sou muito infeliz!

FADA 3 — Entre já, estou dizendo!

FADA 1 — Entre!

FADA 2 — Entre!

FADINHA 2 — Puxa, não posso fazer nada, que coisa!

Isabela Santos

(Cada fadinha entra para sua casa, todas chorando de raiva. Anoitece. As mães, que ficaram entrando e saindo, acomodando as filhas, reúnem-se de novo.)

FADA 2 — Eu acho que é tudo verdade mesmo. Nossas filhas sabem muito mais coisas do que nós pensamos.

(Todas ficam caladas, refletindo sobre aquilo.)

FADA 1 — No nosso tempo aprendíamos a fabricar tapete mágico e ficávamos muito contentes com isso.

FADA 2 — É mesmo...

FADA 3 — *(De repente.)* Eu não ficava nada contente de fabricar tapete mágico!

(As outras fadas olham surpreendidas para a Fada 3. Depois, começam todas a falar ao mesmo tempo.)

FADA 2 — Eu também não ficava nada contente!

FADA 1 — Eu detestava tapete mágico!

FADA 2 — Eu, até hoje, detesto desencantar princesa!

FADA 3 — Eu, para falar a verdade, detesto todas as lições do Livro!

FADA 2 — Eu quero fazer um papagaio, mas tem que falar de verdade, senão não serve!

FADA 1 — Eu daria tudo para aprender a fazer um leão, nem que fosse dos pequenos!

Isabela Santos

(*Já é noite. Com o barulho que as mães fazem, a Fadinha 3 aparece com carinha estremunhada de quem esteve dormindo.*)

FADINHA 3 — Que foi, mamãe? Por que vocês estão gritando tanto?

FADA 3 — É que eu quero aprender a fazer um leão! Estou louca para aprender a fazer leão! E quero que seja cor de ouro!

FADINHA 3 — (*Com benevolência.*) Está bem, mamãe, não precisa se aborrecer. Amanhã eu ensino você a fazer, ouviu?

FADA 1 — Eu também quero!

FADA 2 — Eu também quero!

FADINHA 3 — Está bem, está bem!

FADA 3 — Tem que ser amanhã bem cedinho!

FADINHA 3 — Não sei por que tanta pressa! Não sei o que deu em vocês!

FADA 3 — Já perdemos muito tempo! Queremos que seja assim que o sol raiar!

FADINHA 3 — (*Começando a esfregar os olhos, com sono.*) Está bem, está bem, vai ser assim que o sol aparecer. (*Retira-se.*)

(*Escurece totalmente.*)

A fada que tinha ideias, de Fernanda Lopes de Almeida. Ilustrações originais de André Neves. Porto Alegre: Projeto, 2004. p. 8-9; 28-30.

benevolência: com bondade

Isabela Santos

O texto que você leu é um trecho do texto dramático *A fada que tinha ideias*, escrito pela carioca Fernanda Lopes de Almeida, vencedora de diversos prêmios literários, entre eles o Prêmio Jabuti. O livro, de mesmo título, que deu origem à peça, marcou e marca diversas gerações, pois vem sendo publicado desde 1971.

Estudando o texto

1. Os fatos apresentados nessa cena são os mesmos que você imaginou antes de ler o texto? Converse com os colegas sobre suas impressões.

2. Todas as personagens listadas no início do texto aparecem nas cenas que você leu?

_____

_____

3. Quem são as personagens que participam da cena lida?

_____

4. Qual é o cenário em que se passa a maior parte da cena que você leu?

_____

- Em sua opinião, qual é a importância da descrição do cenário em um texto dramático?

_____

_____

_____

5. Por que as fadas gritam às fadinhas para que entrem em suas casas?

_____

_____

6. Releia o trecho a seguir.

> **FADA 3** — Não é possível. Elas ainda nem aprenderam a fazer tapete mágico direito! *(Pensa um pouco e decide.)* Nossas filhas não sabem fazer leão, pronto! Está acabado!

a. Qual foi a intenção da fada ao afirmar que as filhas não sabem fazer um leão e "pronto"?

_____

_____

b. Por que as fadas ficaram incomodadas com o fato de suas filhas saberem fazer animais no céu?

_____

_____

_____

c. Um texto dramático pode apresentar **indicações cênicas**, ou seja, orientações para a encenação da peça, também chamadas de **rubricas**. Sublinhe a rubrica empregada no trecho acima.

d. Qual sinal de pontuação foi utilizado para apresentar as rubricas?

◯ Aspas.　　　◯ Parênteses.　　　◯ Vírgulas.

7. Localize no texto e escreva as rubricas que indicam o modo como cada personagem disse as falas a seguir.

a. "Sei fazer leão, sim. Já disse que sei!"

_____

b. "Está bem, mamãe, não precisa se aborrecer. Amanhã eu ensino você a fazer, ouviu?"

_____

8. Releia o trecho a seguir.

> **FADA 3** — É que eu quero aprender a fazer um leão! Estou **louca** para aprender a fazer leão! E quero que seja cor de ouro!

Marque um **X** na alternativa que poderia substituir a palavra destacada sem alterar o sentido do trecho.

◯ Faminta.   ◯ Ansiosa.   ◯ Descontrolada.

9. Qual é o objetivo de um texto dramático?

_____

_____

10. No começo, as fadas-mães não gostaram da ideia de as fadinhas fazerem bichos. Por que elas mudaram de opinião?

_____

_____

11. Você leu que as fadas-mães queriam aprender a fazer coisas de que gostam. Em sua opinião, qual é a importância de fazer aquilo de que se gosta?

Lendo com expressividade

Que tal agora você e os colegas realizarem uma encenação do texto *A fada que tinha ideias* para apresentá-lo aos demais alunos da escola? O professor vai ajudá-los nesta atividade.

Lá vem texto informativo

Você sabe como o teatro chegou ao Brasil? O professor vai ler um texto que traz algumas informações sobre essa arte que atravessa os séculos. Esse texto faz parte do livro *Teatro*, escrito pela mineira Raquel Coelho. Ouça com atenção.

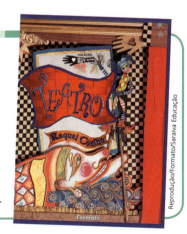

Capa do livro *Teatro*, de Raquel Coelho, publicado pela editora Formato, 2001.

Reprodução/Formato/Saraiva Educação

Jogo da mímica

1. Releia o trecho a seguir do texto dramático *A fada que tinha ideias*.

> São os gestos dos atores que mostram tratar-se de uma casa. As menções à porta, janela, móveis, são só para esclarecer o desenrolar da ação. Por exemplo, quando se fala em espanar os móveis não há móvel nenhum, é um faz de conta.

Você sabia que o teatro pode existir mesmo sem palavras? Pois é, trata-se da **mímica**, isto é, uma forma de representar ações com movimentos do corpo e expressões faciais. Dessa forma, busca-se expressar emoções do modo mais simples: pelos gestos, sem palavra alguma.

Que tal agora vocês serem atores e atrizes da mímica, brincando? O professor vai organizar a turma em dois grupos para o **Jogo da mímica**. Vamos ver quem acerta mais?

Veja as instruções a seguir.

- Antes de começar a brincadeira, escolham juntos qual será o tema. Algumas sugestões são: nomes de filmes, de objetos, de músicas, de animais. O professor vai escrever as opções para as mímicas, de acordo com o tema escolhido por vocês, e colocá-las em um saco.

- Definam qual será o tempo que cada grupo terá para descobrir a mímica e quem vai começar.

- Um aluno do grupo deve retirar do saco uma opção, ler e entregá-la para o professor. Em seguida, dentro do tempo estipulado, deve fazer mímicas para que seu time acerte. Caso o tempo finalize e o grupo não consiga acertar, o grupo adversário poderá dar um palpite.

- Vence o grupo que mais adivinhar as mímicas feitas pelos colegas.

Ljupco Smokovski/
Shutterstock.com/ID/BR

Foto de um mímico.

Estudando a língua

Pontuação

1. Releia a seguir alguns trechos retirados do texto dramático *A fada que tinha ideias*.

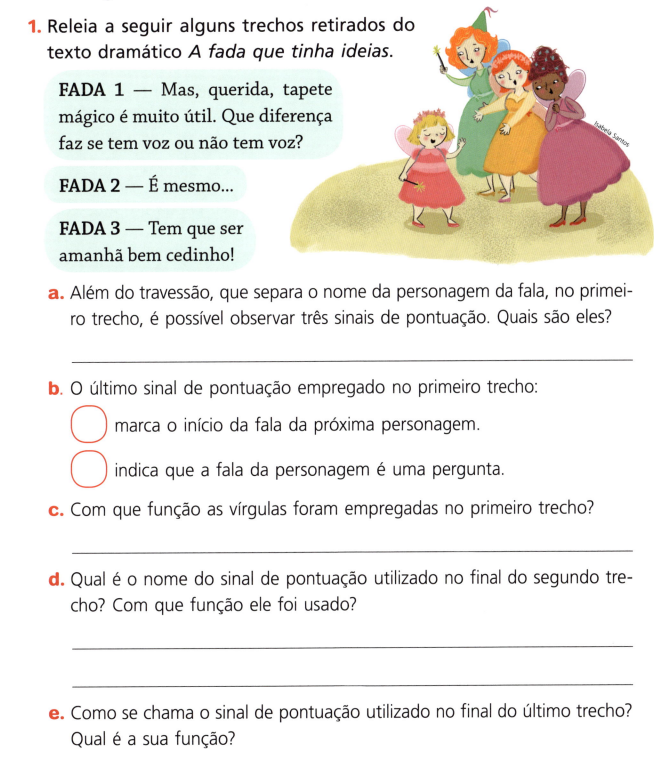

Isabela Santos

> **FADA 1** — Mas, querida, tapete mágico é muito útil. Que diferença faz se tem voz ou não tem voz?

> **FADA 2** — É mesmo...

> **FADA 3** — Tem que ser amanhã bem cedinho!

a. Além do travessão, que separa o nome da personagem da fala, no primeiro trecho, é possível observar três sinais de pontuação. Quais são eles?

_____

b. O último sinal de pontuação empregado no primeiro trecho:

◯ marca o início da fala da próxima personagem.

◯ indica que a fala da personagem é uma pergunta.

c. Com que função as vírgulas foram empregadas no primeiro trecho?

_____

d. Qual é o nome do sinal de pontuação utilizado no final do segundo trecho? Com que função ele foi usado?

_____

_____

e. Como se chama o sinal de pontuação utilizado no final do último trecho? Qual é a sua função?

_____

No texto escrito, os sinais de pontuação contribuem para a clareza do texto, facilitando a compreensão, pois servem para marcar as intenções, as entonações, as interrupções, as perguntas, as falas, entre outras possibilidades.

Pratique e aprenda

1. Analise as frases a seguir e pontue-as adequadamente.

a. Viva ( ) Ganhamos o jogo de 7x1 ( )

b. Olá ( ) Você precisa de alguma ajuda com as compras ( )

c. As plantas necessitam de claridade ( ) sol ( ) água e outros cuidados para sobreviver ( )

d. Vamos ao teatro ( ) Perguntou a menina à mãe ( )

e. O bairro é muito bonito ( ) mas a casa ( )

f. Luciana ( ) sua mãe está chamando você ( )

2. Leia o diálogo a seguir.

— Bruno, você não gostou da peça a que assistimos ontem?

— Não, gostei muito!

— E você, Camila, não gostou da peça?

— Não gostei muito!

a. A opinião de Bruno e Camila sobre a peça foi a mesma? Como você chegou a essa conclusão?

_____

_____

b. A pontuação é importante para um texto escrito? Explique sua resposta.

_____

_____

3. Leia o texto a seguir, analise-o e pontue-o adequadamente.

Uma das personagens mais significativas da literatura infantil brasileira é Clara Luz A fadinha foi criada em 1971 pela escritora carioca Fernanda Lopes de Almeida

Trata-se de uma fada menina diferente das demais Clara Luz não quer aprender a fazer mágicas feitiços e encantamentos pelo livro das fadas mas sim inventar suas próprias mágicas

Ao ser questionada sobre o porquê de se recusar a seguir a tradição ela diz

Quando alguém inventa alguma coisa o mundo anda Quando ninguém inventa nada o mundo fica parado Nunca reparou

Entre as experiências que faz com sua varinha de condão a fadinha cria bolinhos de luz deixa a chuva colorida faz modelagem de nuvens e é capaz até de transformar bule em passarinho Pode haver fadinha mais criativa

Fonte de pesquisa: A fada que tinha ideias. *A taba*, 19 dez. 2017. Disponível em: <http://ataba.com.br/fada-que-tinha-ideias/>. Acesso em: 12 jan. 2018.

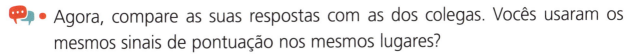

• Agora, compare as suas respostas com as dos colegas. Vocês usaram os mesmos sinais de pontuação nos mesmos lugares?

Aprenda mais!

O texto dramático que você leu nesta unidade é uma adaptação para o teatro do livro de mesmo nome, que narra em 13 capítulos a história de Clara Luz. Certamente você vai se divertir ao conhecer os feitos dessa fadinha pensante.

A fada que tinha ideias, de Fernanda Lopes de Almeida. 28. ed. Ilustrações de Edu. São Paulo: Ática, 2007 (Coleção Fernanda Lopes de Almeida).

Comparando textos

O texto que você vai ler agora circulou no estado de Minas Gerais. Observando somente a imagem, do que você imagina que ele trata?

As imagens e os textos presentes nesta coleção apresentam finalidade didática, sem objetivo de promover qualquer tipo de produto ou empresa.

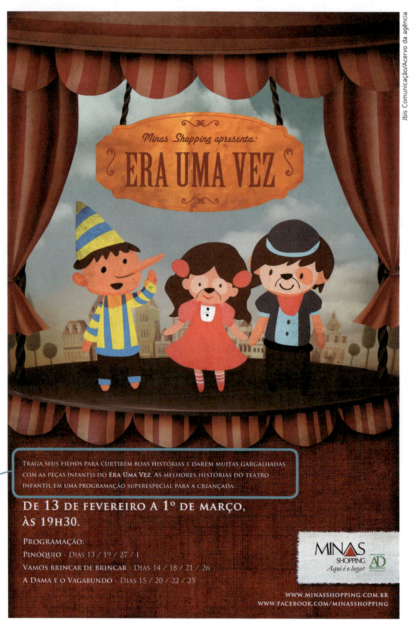

Era uma vez, de Minas Shopping, 2013.

TRAGA SEUS FILHOS PARA CURTIREM BOAS HISTÓRIAS E DAREM MUITAS GARGALHADAS COM AS PEÇAS INFANTIS DO ERA UMA VEZ. AS MELHORES HISTÓRIAS DO TEATRO INFANTIL EM UMA PROGRAMAÇÃO SUPERESPECIAL PARA A CRIANÇADA.

1. De que trata esse anúncio publicitário?

2. O que você imaginou que seria abordado no anúncio se confirmou após a leitura do texto?

3. O texto que você leu é um anúncio publicitário. Qual é o objetivo dele?

( ) Divulgar uma ideia de cunho social.

( ) Promover um evento.

( ) Pedir patrocínio.

4. Quem é o anunciante, ou seja, quem está divulgando esse anúncio?

_____

5. Quem é o público-alvo do anúncio? Justifique sua resposta.

_____

_____

6. Releia o trecho a seguir, retirado do anúncio, e responda às questões.

> TRAGA SEUS FILHOS PARA CURTIREM BOAS HISTÓRIAS E DAREM MUITAS GARGALHADAS COM AS PEÇAS INFANTIS DO ERA UMA VEZ. AS MELHORES HISTÓRIAS DO TEATRO INFANTIL EM UMA PROGRAMAÇÃO SUPERESPECIAL PARA A CRIANÇADA.

Jbis Comunicação/
Acervo da agência

a. Qual é o argumento utilizado para convencer o público-alvo a aderir à ideia divulgada no anúncio?

_____

_____

b. Foram utilizadas as seguintes expressões informais: "curtirem boas histórias" e "superespecial". Marque um **X** na alternativa correta a respeito dessa linguagem.

( ) É muito elaborada e distancia o público-alvo dos fatos.

( ) É simples e aproxima o público-alvo dos fatos.

7. Releia os trechos a seguir, extraídos do anúncio, e escreva **F** para o que é fato e **O** para o que é opinião.

◯ Minas Shopping apresenta: Era uma vez.

◯ Traga seus filhos para curtirem boas histórias [...]

◯ As melhores histórias do teatro infantil [...]

◯ De 13 de fevereiro a 1º de março, às 19h 30.

• Como você identificou os trechos que apresentam opinião?

_____

_____

8. Quais estratégias foram utilizadas nesse anúncio para chamar a atenção do público?

_____

_____

9. Marque um **X** na alternativa que apresenta de que modo os textos lidos nesta unidade (a crônica, o texto dramático e esse anúncio) se relacionam.

◯ Tematicamente, pois todos, de alguma forma, abordam o teatro.

◯ Estruturalmente, pois todos são textos narrativos.

10. Marque **V** nas afirmativas verdadeiras e **F** nas falsas a respeito desses três textos.

◯ Os três textos foram escritos para crianças.

◯ Os três textos são narrativos.

◯ A crônica e a peça teatral apresentam diálogos.

◯ Para a produção de sentidos, no anúncio publicitário, as imagens são imprescindíveis, mas, para os outros textos, não.

◯ A crônica tem a mesma função do anúncio publicitário.

Estudando a língua

Preposição

1. Releia os dois trechos do texto dramático *A fada que tinha ideias,* a seguir, completando-os coerentemente com as palavras do quadro abaixo.

com ▪ para ▪ sobre ▪ de

> **FADA 3** — É que eu quero aprender a fazer um leão! Estou louca
>
> _____ aprender a fazer leão! E quero que seja cor
>
> _____ ouro!

> *(Todas ficam caladas, refletindo* _____ *aquilo.)*
>
> **FADA 1** — No nosso tempo aprendíamos a fabricar tapete mágico e
>
> ficávamos muito contentes _____ isso.

a. Que função tem as palavras que você usou para completar os trechos acima?

_____

b. Além da função que você apontou na atividade anterior, essas palavras estabelecem relações de sentido, de acordo com o contexto em que são empregadas. Qual dessas palavras indica a finalidade de algo?

_____

c. Qual dessas palavras indica assunto?

_____

d. Ao ligar as palavras **contentes** e **isso**, a palavra **com** indica:

( ) uma ideia de tempo.   ( ) uma ideia de causa.

e. O que a palavra **de** indica entre as palavras **cor** e **ouro**?

( ) Uma relação de semelhança.   ( ) Uma ideia de lugar.

As palavras que ligam outras duas palavras, estabelecendo entre elas alguma relação de sentido são chamadas de **preposição**.

Veja a seguir as principais preposições.

a ▪ até ▪ após ▪ com ▪ de ▪ em ▪ entre ▪ para ▪ por ▪ sem ▪ sob ▪ sobre

Pratique e aprenda

1. Observe as imagens e as frases a seguir, atentando-se às preposições empregadas em cada uma delas.

PauloVilela/iStock/Getty Images

pão **de** queijo

Tanya Sid/Shutterstock.com/ID/BR

pão **com** queijo

Como você viu, a preposição altera o sentido da frase. Agora, leia as frases a seguir, reflita sobre o sentido de cada preposição em destaque e explique a diferença de sentido entre cada par de frases.

A O diretor falou **com** meu irmão.
O diretor falou **de** meu irmão.

B O time jogou **com** garra.
O time jogou **sem** garra.

C Meus avós vieram **a** Sergipe.
Meus avós vieram **de** Sergipe.

D O vaso de flores está **sobre** a mesa.
O vaso de flores está **sob** a mesa.

E Precisamos fazer este trabalho **até** terça-feira.
Precisamos fazer este trabalho **após** terça-feira.

Produção escrita

Produzir um texto dramático

Nesta unidade, você leu um trecho de texto dramático e conheceu um pouco sobre essa manifestação artística. Agora, chegou a sua vez de se tornar um dramaturgo e adaptar uma narrativa, transformando-a em um texto dramático, que depois fará parte de um livro de textos dramáticos da turma e poderá ser encenado por você e seus colegas para outras turmas da escola, na seção **Fazendo e acontecendo**.

Planeje

Antes de começar seu texto, leia as seguintes orientações.

- Escolha uma crônica, um conto, ou qualquer outro texto narrativo de que você goste, para transformá-lo em um texto dramático.

- Releia o texto *A fada que tinha ideias* e, se possível, leia outros textos dramáticos para entender melhor a estrutura desse gênero.

Aprenda mais!

As sugestões a seguir devem ajudá-lo a conhecer melhor o gênero texto dramático.

O livro *A viagem de um barquinho*, de Sylvia Orthof, apresenta duas versões, um conto em versos e um texto dramático, da história da lavadeira Elisete e do menino Chico Eduardo em busca de um barquinho de papel.

A viagem de um barquinho, de Sylvia Orthof. Ilustrações de Tatiana Paiva. São Paulo: FTD, 2015.

O livro *Mania de explicação: peça em seis atos, um prólogo e um epílogo*, de Adriana Falcão e Luiz Estellita Lins, apresenta a história de Isabel, uma menina que vive buscando explicações para tudo.

Mania de explicação: peça em seis atos, um prólogo e um epílogo, de Adriana Falcão e Luiz Estellita Lins. Ilustrações de Mariana Massarani. São Paulo: Salamandra, 2014.

- Escolhido o texto, leia-o e certifique-se de que você compreendeu bem a história. Caso tenha dúvidas, peça esclarecimentos ao professor.

- Anote os seguintes elementos do texto: personagens (identificando quem são os principais e quem são os secundários), espaço, os principais acontecimentos e a sequência desses acontecimentos na história.

- Identifique no texto as falas do narrador, pois elas deverão ser eliminadas no texto dramático.

Escreva

Depois de definir o texto que vai adaptar, chegou o momento de escrever seu texto dramático. Para isso, verifique as orientações a seguir.

- O seu texto deve apresentar o mesmo enredo da narrativa escolhida. Para isso, lembre-se da situação inicial, do conflito, do clímax e do desfecho do texto original.

- Comece descrevendo o cenário e listando os personagens.

- Indique a cena e escreva as falas dos personagens, que devem ter a indicação de quem está falando.

- Lembre-se de que o texto dramático não apresenta um narrador para contar os fatos, por isso utilize sempre o discurso direto.

- As indicações do cenário e as ações dos personagens são apresentadas pelas indicações cênicas, também chamadas de rubricas, por isso dê um destaque gráfico a elas: um sublinhado, uma cor diferente, letras maiúsculas etc.

- Empregue palavras e expressões para descrever o cenário, os personagens e a maneira como eles falam e se movimentam.

- Fique atento à escrita das palavras e aos sinais de pontuação. Se necessário, consulte um dicionário ou peça ajuda do professor.

- Por fim, dê um título ao texto, que pode ser o mesmo da narrativa original ou um inédito, criado por você.

Revise

Finalizada a primeira versão do texto dramático que você adaptou, troque-o com o do colega e verifique se ele:

- indicou como deve ser o cenário e os personagens que vão participar da cena;
- indicou a cena e as falas dos personagens;
- utilizou o discurso direto;
- apresentou rubricas para descrever as ações dos personagens e deu um destaque gráfico para elas;
- empregou palavras e expressões para descrever o cenário e os personagens;
- escreveu as palavras corretamente e empregou adequadamente os sinais de pontuação;
- inseriu um título.

Reescreva

Releia o seu texto verificando os apontamentos realizados pelo colega, altere o que for necessário e reescreva-o. Se tiver mais alguma dúvida, o professor pode auxiliar você.

Assim que todos finalizarem seus textos, o professor vai marcar uma data para que eles sejam lidos e a turma escolha três ou mais para serem encenados na seção **Fazendo e acontecendo**.

Avalie

Chegou o momento de verificar o seu desempenho nesta atividade. Para isso, responda às questões a seguir.

	Sim	Não
Pesquisei e escolhi uma narrativa para transformar em texto dramático?		
Pesquisei e li outros textos dramáticos antes de iniciar minha produção?		
Meu texto apresenta os elementos de um texto dramático, como: descrição do cenário, rubricas, fala de personagens?		
Revisei e reescrevi meu texto, conforme as orientações e os apontamentos do colega?		

Aprenda mais!

Se você tiver curiosidade e quiser conhecer um pouco sobre uma companhia de teatro, como seus projetos e espetáculos, pode acessar o *site* a seguir e obter algumas informações sobre a Companhia Cuca de Teatro.

<www.ciacucadeteatro.com.br>

Acesso em: 13 jan. 2018.

Disponível em: <www.ciacucadeteatro.com.br>. Acesso em: 13 jan 2018

Touchstone Pictures/ID/BR

Romeu e Julieta é uma peça clássica e foi adaptada para o cinema em *Gnomeu e Julieta*. Assista a essa animação e conheça como um simpático anão conheceu uma linda anã de jardim, apaixonando-se à primeira vista. Agora, para ficarem juntos, eles vão ter que passar por cima dos obstáculos e convencer as duas famílias a se reconciliar.

Gnomeu e Julieta. Direção de Kelly Asbury.
Estados Unidos: Touchstone Pictures, 2011 (84 min).

Ponto de chegada

Vamos revisar os conteúdos estudados nesta unidade? Faça uma roda de conversa com os amigos para responder às questões abaixo.

1. Que tipo de situação uma crônica costuma retratar?

2. Cite uma palavra derivada por prefixo e uma derivada por sufixo.

3. Qual é o objetivo de um texto dramático?

4. Qual é a função das indicações cênicas em um texto dramático?

5. Qual é a função dos sinais de pontuação em um texto?

6. O que são preposições?

7 Ares da África

Imagem representando diferentes animais africanos em estilo Tinga-Tinga. Foto registrada em Zanzibar, Tanzânia, 2016.

Tatiana Morozova/Alamy/Fotoarena

Ponto de partida

1. Quais animais retratados na imagem você consegue identificar?

2. Imagens como essa fazem parte da cultura africana e são caracterizadas pelas cores fortes e por retratar a natureza. Você conhece outra marca cultural do continente africano? Qual?

3. No Brasil, há marcas culturais de diferentes tradições. Cite elementos da nossa cultura que tiveram origem na cultura africana.

A reportagem que você vai ler a seguir foi publicada na revista *Ciência Hoje das Crianças*. Leia o título dela e observe as ilustrações que acompanham o texto. Você sabe o que são escolas quilombolas? Leia a reportagem e conheça um pouco mais sobre elas.

NA ESCOLA QUILOMBOLA

Esse assunto que faz parte do presente tem uma grande relação com o passado do Brasil. Você já deve saber que em nosso país havia pessoas que eram obrigadas a trabalhar como escravos, quase sempre em fazendas, sem receber qualquer pagamento e sendo castigadas.

Marília Bruno

Deve saber ainda que essas pessoas eram indígenas e outras tantas que foram trazidas da África. Se não bobeou nas aulas de História, sabe também que, em 1888, foi proclamada a abolição da escravatura. Mas, até que a escravidão se tornasse proibida, muitos escravos, cansados de serem explorados, fugiam e organizavam os quilombos.

Os quilombos eram comunidades que começaram sendo formadas por escravos fugidos, mas que continuaram existindo depois da abolição. Sim, os quilombolas — nome dado aos que pertenciam aos quilombos — se casavam, tinham filhos, depois netos, bisnetos...

O resumo de tudo isso é que muitos quilombos existem até hoje, e muitas crianças dessas comunidades agora fazem parte da escola quilombola!

A escola quilombola é uma conquista recente e foi criada por um motivo especial. Acompanhe...

Cem anos depois da abolição da escravatura, a Constituição Brasileira — como é chamado o conjunto de leis do nosso país — reconheceu os direitos das comunidades quilombolas. Então, desde 1988, o governo é obrigado a dar aos descendentes dos escravos os títulos de propriedade dos quilombos, terras ocupadas pelos seus antepassados. Além disso, o governo também é responsável por garantir todos os direitos dos cidadãos nos quilombos, o que inclui saúde, cultura e educação.

Mas, vamos pensar: para que a história dessas comunidades não se perca e também para preservar os hábitos e os costumes que os escravos africanos trouxeram e foram sendo passados de geração em geração, as pessoas hoje devem ter conhecimento de tudo isso, certo? Esta é a razão pela qual surgiu a escola quilombola!

QUE ESCOLA É ESSA?

A educação quilombola é um programa do Governo Federal que tem o propósito de manter vivas a cultura e a história dos quilombos. Esse programa atende às escolas quilombolas e às outras instituições de ensino localizadas próximas às comunidades quilombolas, cuja maior parte se localiza em regiões rurais.

O ensino nas chamadas escolas quilombolas inclui o conteúdo escolar regular, que é dado para todos os estudantes, mas destaca a explicação da formação dos quilombos, da relação Brasil-África e da mistura da cultura africana com a brasileira. É uma escola igual a qualquer outra, porém diferente neste aspecto, concorda? A diferença é que a escola quilombola é construída com recursos do Programa Brasil Quilombola, do Governo Federal. São espaços pensados para os quilombolas e que em tudo lembram a herança cultural dos quilombos.

UM EXEMPLO PARA CLAREAR

No dia 28 de maio de 2013, foi inaugurada na comunidade da Caveira [...], que fica no município de São Pedro da Aldeia, no Rio de Janeiro, a Escola Quilombola Rosa Geralda da Silveira — a primeira escola quilombola construída no estado do Rio de Janeiro. O nome é uma homenagem a uma antiga moradora do quilombo, conhecida como Dona Rosa da Farinha, uma líder da comunidade que lutou pelos direitos dos trabalhadores rurais.

A escola, que leva o nome da moradora ilustre, tem seis salas de aula, uma biblioteca, uma sala de informática, um refeitório, salas de professores e diretor, recepção e secretaria e... Muitas crianças, é claro! Lembrou-se da sua escola? É isso mesmo, muito parecida!

A diferença está no conteúdo especial que, como vimos, tem a ver com as raízes do quilombo. Além disso, a escola é decorada com motivos étnicos, ou seja, com objetos, pinturas e outros elementos que lembram as histórias dos africanos, dos escravos brasileiros e de seus descendentes. Essa escola é uma grande conquista para a Associação dos Remanescentes do Quilombo da Caveira.

A escola é ainda pequena, conta com uma diretora e três professores contratados pela prefeitura para atuarem com exclusividade na instituição. Mas, em breve, ela deve crescer: a partir de 2014, receberá as Diretrizes Curriculares Nacionais para a Educação Escolar Quilombola, um tipo de manual que traz orientações sobre os temas que não podem ficar de fora do ensino quilombola.

Na escola quilombola, de Daniela Yabeta e Flávio Gomes. *Ciência Hoje das Crianças*. Rio de Janeiro: Instituto Ciência Hoje/ SBPC, ano 26, n. 251, nov. 2013. p. 7-9.

Marília Bruno

Estudando o texto

1. De que trata o texto lido?

2. O modo como a escola quilombola é constituída se assemelha ao que você imaginou antes da leitura? Converse com os colegas sobre isso.

3. Essa reportagem apresentou alguma informação nova a você? Que parte dela você achou mais interessante?

4. Quais são as características que a escola quilombola apresenta e que são parecidas com as da sua escola? Quais diferenças você encontra entre elas?

5. A reportagem é iniciada com informações do passado do Brasil. Que relação há entre o assunto da reportagem e o passado do Brasil?

_____

_____

_____

6. Em sua opinião, qual é a importância dessas informações iniciais para a compreensão do assunto da reportagem?

_____

_____

7. Ligue as colunas a seguir, de acordo com o texto.

| quilombolas | | comunidades de escravos fugidos |
| quilombos | | pessoas que pertenciam ao quilombo |

8. O que aconteceu com os quilombos após a abolição da escravatura?

_____

_____

9. Localize no texto e escreva a seguir o que aconteceu em cada uma das datas abaixo.

a. 1888: _____

b. 1988: _____

10. Com que objetivo principal foi constituída a escola quilombola?

_____

_____

_____

11. Além do título "Na escola quilombola", essa reportagem apresenta dois intertítulos. Quais são eles e qual a função deles no texto?

_____

_____

_____

12. Pinte o quadrinho que apresenta o nome da cidade onde foi construída a primeira escola quilombola do Rio de Janeiro.

| São José dos Pinhais | São Pedro da Aldeia | São Pedro do Iguaçu |

a. Qual é o nome dessa escola e por qual motivo ele foi escolhido?

_____

_____

_____

b. Qual é o nome da sua escola? Por qual motivo ela recebeu o nome que tem?

_____

_____

_____

13. Marque um **X** na alternativa que apresenta o objetivo de uma reportagem.

○ Narrar uma história com personagens, tempo e espaço.

○ Relatar de forma detalhada um assunto ou um acontecimento de interesse do público.

○ Orientar a construção de algo, como uma escola.

14. Quando e onde essa reportagem foi publicada?

_____

_____

15. Quem são os autores dela e para qual público-alvo ela foi escrita?

_____

_____

16. Para a produção de uma reportagem, em geral se faz uma pesquisa sobre o tema que será abordado. Você acha que foi feita uma pesquisa para a produção dessa reportagem? Justifique sua resposta.

_____

_____

17. Releia o trecho abaixo.

> **Se não bobeou** nas aulas de História, sabe também que, em 1888, foi proclamada a abolição da escravatura.

a. A expressão em destaque foi escrita de acordo com o registro linguístico:

○ formal. ○ informal.

b. Por que os autores escolheram esse registro da língua para apresentar a informação?

_____

18. Releia outro trecho da reportagem.

> A escola é ainda pequena, conta com uma diretora e três professores contratados pela prefeitura para atuarem com exclusividade na instituição. Mas, em breve, **ela** deve crescer [...]

a. A palavra em destaque retoma que termo usado anteriormente?

_____

b. Com qual objetivo a palavra em destaque foi empregada nesse trecho?

_____

_____

Que curioso!

Comunidades quilombolas

Você sabia que, no Brasil, existem cerca de cinco mil comunidades negras rurais onde residem aproximadamente quatro milhões de pessoas descendentes de escravos africanos trazidos pelos portugueses no período colonial? Sabia também que essa quantidade de pessoas é quase equivalente ao número de moradores do estado de Alagoas?

Com base na Constituição Federal de 1988, o título das terras em que essas comunidades estão deveria ser dado aos descendentes de escravos que as ocupam. No entanto, a maioria dessas comunidades ainda não possui esse documento e, por esse motivo, sofrem com invasões, desmatamentos e desrespeito à sua cultura, mesmo tendo esse direito garantido pela Constituição.

Cesar Diniz/Pulsar Imagens

Escola Municipal Isidro J. Silva, no Quilombo da Barra, em Rio de Contas, Bahia, 2014.

Estudando a língua

Modos verbais

1. Observe as cenas a seguir e responda às questões.

Ilustrações: Rubens Tavares

a. Em qual fala é possível identificar uma dúvida ou possibilidade?

b. Qual fala expressa um pedido ou uma ordem?

c. Qual fala indica um fato que se tem por certo?

d. Que palavras presentes nas falas ajudaram você a encontrar as respostas das questões anteriores?

e. O que é possível perceber quanto às atitudes dos falantes nas cenas acima, de acordo com a maneira com que empregaram essas palavras?

_____

_____

_____

_____

Em cada fala que você analisou, o verbo assumiu diferentes modos para expressar as diferentes atitudes dos falantes (certeza, incerteza, pedido). Essas formas que o verbo assume para expressar as atitudes dos falantes são chamadas de **modos verbais**.

O **modo indicativo** expressa uma certeza. Exemplo: **Viajarei** na próxima semana!

O **modo subjuntivo** expressa uma hipótese, uma dúvida ou uma possibilidade. Exemplo: É possível que nós **viajemos** na próxima semana.

O **modo imperativo** expressa uma ordem, pedido ou desejo. Exemplo: **Viaje** na próxima semana!

Tempo verbal: presente

1. Releia um parágrafo da reportagem "Na escola quilombola".

O resumo de tudo isso é que muitos quilombos **existem** até hoje, e muitas crianças dessas comunidades agora **fazem** parte da escola quilombola!

a. Analise as duas formas verbais em destaque no parágrafo. Em que modo elas estão? Justifique sua resposta.

_____

b. A respeito dessas formas verbais, marque um **X** na informação correta.

◯ Elas expressam ações que já aconteceram.

◯ Elas expressam ações que ainda vão acontecer.

◯ Elas expressam ações que estão acontecendo.

O tempo **presente** expressa ações que ocorrem no momento em que são ditas ou escritas, como em: "muitos quilombos **existem** até hoje".

Esse tempo também é usado para expressar um fato atemporal (sem início ou fim). Por exemplo: Praticar esportes **faz** bem. Além disso, exprime uma ação habitual, que costuma acontecer: Marcos **toma** chá todos os dias.

Pratique e aprenda

1. Leia o poema a seguir e responda às questões.

Canção do exílio

Minha terra tem palmeiras,
Onde canta o Sabiá;
As aves, que aqui gorjeiam,
Não gorjeiam como lá.

Nosso céu tem mais estrelas,
Nossas várzeas têm mais flores,
Nossos bosques têm mais vida,
Nossa vida mais amores.

Em cismar, sozinho, à noite,
Mais prazer encontro eu lá;
Minha terra tem palmeiras,
Onde canta o Sabiá.

Minha terra tem primores,
Que tais não encontro eu cá;
Em cismar — sozinho, à noite —
Mais prazer encontro eu lá;
Minha terra tem palmeiras,
Onde canta o Sabiá.

Não permita Deus que eu morra,
Sem que volte para lá;
Sem que desfrute os primores
Que não encontro por cá;
Sem qu'inda aviste as palmeiras,
Onde canta o Sabiá.

cismar: pensar
exílio: lugar onde vive quem se afastou de sua pátria
gorjeiam: cantam
qu'inda: que ainda

Canção do exílio, de Gonçalves Dias. Em: *Poemas*. Rio de Janeiro: Ediouro; São Paulo: Publifolha, 1997. p. 27-28 (Biblioteca Folha; 15).

a. O que o eu poético demonstra sentir por sua terra natal?

b. Que elementos da pátria do exilado são destacados no poema: econômicos, naturais ou políticos? Exemplifique.

c. No poema, há predominância de formas verbais no tempo presente. Esse tempo demonstra que:

◯ as ações ocorrem no momento em que o eu poético fala.

◯ as ações aconteceram antes da fala do eu poético.

◯ as ações ocorrerão após a fala do eu poético

d. Na última estrofe, a quem o eu poético faz um pedido? Que forma verbal ele empregou?

_____

e. Releia os seguintes versos da última estrofe do poema.

> Não permita Deus que eu **morra**

> Sem que **volte** para lá

> Sem que **desfrute** os primores;

> Sem qu'inda **aviste** as palmeiras

As formas verbais em destaque expressam certeza ou uma possibilidade?

_____

2. Observe as placas abaixo e responda às questões.

a. Qual modo verbal foi empregado em todas as placas?

_____

b. Por que, normalmente, os avisos escritos em placas são escritos nesse modo verbal?

_____

_____

_____

Lendo um conto popular

Os contos populares são transmitidos de pessoa para pessoa, atravessando gerações e, mesmo com o passar do tempo, nunca perdem seu encantamento. Você conhece algum conto popular? Leia o título do conto a seguir e converse com a turma sobre como você imagina que seja essa história.

O pescador e o anel

Era uma vez, muito tempo atrás, um chefe de tribo que caçava muito bem. Ele tinha um filho a quem amava ternamente e a quem ensinou todos os segredos da caça.

Quando o filho cresceu, disse ao pai:

— Deixe-me ir para o grande lago. Quero ser pescador e caçar peixes em suas águas.

O chefe autorizou, embora tivesse ficado um pouco surpreso pelo fato de o filho preferir caçar na água e não na terra.

O filho construiu uma cabana à beira do lago e começou a fazer uma canoa. Escolheu o eucalipto mais adequado e escavou a madeira para fazer uma esplêndida embarcação. Em seguida fez excelentes cordas de sisal e teceu grandes redes para pegar peixes pequenos. Depois disso, fez cordas grossas com as lianas que pendiam das árvores altas. Ele as usaria para puxar da água as redes carregadas de peixes. O rapaz cortou caniços finos e compridos e pendurou, na extremidade de cada um, anzóis, que fizera com espinhas de peixe. Usaria os caniços para pegar peixes maiores.

Quando tudo estava preparado, colocou as redes, cordas e varas na canoa e saiu para pescar no lago. Pegou muitos peixes e ficou conhecido como habilidoso e generoso caçador — dava os maiores peixes que pescava ao pai e sua aldeia nunca passava fome.

Quando houve uma grande escassez de comida, o jovem caçador de peixes passou a dar ainda mais peixes ao chefe e ao povo da aldeia. Todos os dias, lá ia ele remando nas águas do lago para caçar.

caniços: canas finas e compridas usadas para pescar
lianas: cipós
sisal: planta fornecedora de fibra usada para fazer cordas e barbantes

Rivaldo Barboza

Certo dia, o jovem puxou suas redes de sisal e surpreendeu-se ao ver um grande peixe vermelho o fitando!

O peixe, cujo nome era Obi, pediu:

— Oh, por favor, não me mate!

O jovem caçador de peixes ficou bastante admirado quando o peixe falou com ele e respondeu:

— Olá. Você é um peixe muito bonito. Vou devolvê-lo às águas do lago.

E Obi disse:

— Obrigado. Vou recompensá-lo por sua bondade.

Então Obi deixou cair da boca um anel para o jovem caçador de peixes.

— Esse anel é mágico — explicou. — Com ele é possível conseguir tudo que se deseja.

Admiradíssimo, o jovem caçador de peixes agradeceu a Obi e pôs o anel no dedo. Continuou a pescar e desejou pegar muitos peixes para poder alimentar os aldeões famintos.

aldeões: habitantes da aldeia
fitando: olhando

Imagine a surpresa do jovem ao ver que as redes ficaram tão cheias de peixes que ele mal conseguia puxá-las para o barco!

Ninguém mais passou fome.

Rivaldo Barboza

O tempo de penúria havia terminado... Até chegar a notícia de que haveria uma guerra.

O jovem se lembrou que o peixe mágico lhe dissera que o anel atenderia todos os seus desejos e pediu proteção para a aldeia e para toda a região.

Imediatamente, ergueu-se uma cadeia de montanhas tão alta e tão grande que impedia a passagem de tribos que quisessem guerrear.

O jovem caçador de peixes, seu pai, e todo o povo da aldeia viveram em paz e com fartura. Daí em diante nunca mais deixaram de contar histórias sobre o maravilhoso peixe falante e o anel mágico.

O pescador e o anel, de Magdalene Sacranie. Em: O amuleto perdido e outras lendas africanas. Tradução de Luciano Machado e Elisa Zanetti. Ilustrações originais de Sarah Bramley. São Paulo: Panda Books, 2010. p. 68-69.

penúria: extrema pobreza, miséria

Rivaldo Barboza

O livro *O amuleto perdido e outras lendas africanas*, de Magdalene Sacranie, traz uma coletânea de contos populares de diferentes tradições africanas. As histórias vêm de muitos lugares, como Sudão e Camarões, passando também por Malaui, local de origem do conto que você acabou de ler. As narrativas retratam a cultura e a sabedoria do povo africano.

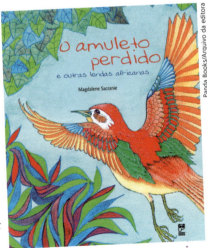

Panda Books/Arquivo da editora

Capa do livro *O amuleto perdido e outras lendas africanas*, de Magdalene Sacranie.

Estudando o texto

1. A história que você imaginou antes da leitura foi semelhante à apresentada no conto? Converse com os colegas e o professor sobre isso.

2. Os contos despertam sentimentos diferentes em cada pessoa. Quais sentimentos e sensações esse conto provocou em você? Comente sobre isso com os colegas e o professor.

3. Um conto é uma narrativa fictícia, isto é, não real. Os contos populares geralmente não têm um autor. Eles pertencem à tradição oral, são recontados ao longo do tempo e costumam apresentar mais de uma versão. Quem escreveu essa versão do conto "O pescador e o anel"?

_____

_____

4. Em que local se passa a história narrada?

_____

_____

5. Quem é o protagonista, ou seja, o personagem principal do conto?

_____

_____

6. De acordo com os acontecimentos narrados, responda às questões a seguir.

a. Qual é a situação inicial do conto?

_____

_____

b. Qual é o conflito dessa história, isto é, o obstáculo a ser superado?

_____

_____

_____

c. Qual é o clímax do conto, ou seja, o momento de maior tensão?

_____

_____

d. Qual é o desfecho dessa história?

_____

_____

7. Releia o trecho a seguir.

> O chefe autorizou, embora tivesse ficado um pouco surpreso pelo fato de o filho preferir caçar na água e não na terra.

O que se pode entender por "caçar na água e não na terra"?

_____

_____

8. Releia outro trecho do texto.

> Escolheu o eucalipto mais adequado e escavou a madeira para fazer uma esplêndida **embarcação**. Em seguida fez excelentes **cordas** de sisal e teceu grandes **redes** para pegar **peixes** pequenos. Depois disso, fez **cordas** grossas com as lianas que pendiam das árvores altas.

a. Circule nesse trecho os adjetivos que caracterizam os substantivos em destaque.

b. De que forma o uso desses adjetivos contribui para a construção do sentido do texto?

_____

_____

9. Ao devolver Obi ao lago, o que o jovem demonstrou ao peixe?

_____

_____

10. Qual foi a recompensa dada por Obi ao jovem pescador?

_____

_____

11. Releia o trecho a seguir prestando atenção ao termo destacado.

> **Admiradíssimo**, o jovem caçador de peixes agradeceu a Obi e pôs o anel no dedo.

Que efeito de sentido é provocado com a utilização desse adjetivo?

_____

_____

12. Quais foram os pedidos que o jovem pescador fez ao anel mágico? Eles foram atendidos?

_____

_____

_____

13. Releia o trecho abaixo. Depois, marque um **X** na alternativa correta a respeito do termo destacado.

> **Imediatamente**, ergueu-se uma cadeia de montanhas tão alta e tão grande que impedia a passagem de tribos que quisessem guerrear.

◯ Ele pode ser trocado por "no mesmo instante" sem alterar o sentido da frase.

◯ Ele pode ser trocado por "após algum tempo" sem alterar o sentido da frase.

14. Que tal conhecer outros contos populares? Vá com o professor e os colegas à biblioteca da escola e pesquise livros de contos populares, escolha um e leia-o em casa. Depois, em uma aula marcada, organizem uma roda e troquem suas impressões sobre os livros lidos.

Estudando a língua

Tempo verbal: passado

1. Releia o primeiro parágrafo do conto popular "O pescador e o anel", analisando as formas verbais em destaque.

> Era uma vez, muito tempo atrás, um chefe de tribo que **caçava** muito bem. Ele **tinha** um filho a quem **amava** ternamente e a quem **ensinou** todos os segredos da caça.

a. Essas formas verbais expressam ações que:

◯ vão acontecer após a fala do narrador.

◯ estão acontecendo junto com a fala do narrador.

◯ aconteceram antes da fala do narrador.

b. Compare as formas verbais a seguir e ligue cada uma delas à informação correspondente.

 caçava

Indica uma ação no passado, realizada durante um período pontual, momentâneo.

 ensinou

Indica uma ação habitual, que costumava ser praticada no passado.

Você notou que existe mais de uma maneira de expressar ações ocorridas no **passado**. Uma delas demonstra uma ação pontual, momentânea, como a forma verbal **ensinou**. Outra indica uma ação que ocorreu com frequência, ou seja, mais de uma vez, ou que costumava acontecer habitualmente, como a forma verbal **caçava**.

2. Releia outro trecho do conto popular "O pescador e o anel" e analise as formas verbais em destaque.

> O rapaz **cortou** caniços finos e compridos e **pendurou**, na extremidade de cada um, anzóis, que **fizera** com espinhas de peixe.

a. Essas formas verbais expressam ações que:

( ) vão acontecer após a fala do narrador.

( ) aconteceram antes da fala do narrador.

b. Das três formas verbais destacadas, uma indica a ação que aconteceu antes das ações indicadas pelas outras duas formas verbais.

• Qual forma verbal indica a ação anterior às outras?

_____

• E quais indicam ações posteriores à da forma verbal que você apresentou como resposta à atividade anterior?

_____

c. Por qual das formas abaixo a forma verbal **fizera** poderia ser substituída sem que houvesse alteração no tempo. Marque um **X** na alternativa correta.

( ) Vai fazer.   ( ) Tinha feito.   ( ) Está fazendo.

Você pôde perceber que é possível expressar um fato que aconteceu antes de outro fato também ocorrido no passado, como a forma verbal **fizera**.

A forma **fizera** é uma forma simples, pouco utilizada em nossa língua. Mais comum é o emprego da sua forma composta. Veja.

Pendurou os caniços finos e compridos nos anzóis que <u>fizera</u> com espinhas de peixe.

Forma simples indicando um fato anterior a outro fato ocorrido no passado.

Pendurou os caniços finos e compridos nos anzóis que <u>tinha feito</u> com espinhas de peixe.

Forma composta de indicar um fato anterior a outro fato ocorrido no passado.

Pratique e aprenda

1. Leia a tirinha a seguir e responda às questões.

Fernando Gonsales/Acervo do artista

Níquel Náusea: nem tudo que balança cai!, de Fernando Gonsales. São Paulo: Devir, 2003. p. 38.

a. Reescreva a frase do primeiro quadrinho, completando-a com os verbos **tricotar** e **brincar** flexionando-os para indicar ações que costumavam ocorrer no passado.

_____

_____

b. Reescreva a frase do segundo quadrinho, completando-a com o verbo **perder** flexionando-o para indicar uma ação pontual no passado.

_____

_____

c. Observe a expressão do gato no segundo quadrinho. O que ele aparenta sentir?

_____

_____

d. Por que o gato passou a se sentir assim?

_____

_____

e. O que foi responsável por acabar com a brincadeira do gato?

_____

_____

2. Analise as formas verbais empregadas no trecho abaixo.

> O jovem se **lembrou** que o peixe mágico lhe **dissera** que o anel atenderia todos os seus desejos e pediu proteção para a aldeia e para toda a região.

a. Qual é a forma verbal que revela uma ação ocorrida antes de outra ação?

_____

b. Reescreva esse trecho passando essa forma verbal simples para a forma composta.

_____

_____

_____

_____

3. Leia os títulos de notícias a seguir e responda às questões.

 A

Professor que cantou para crianças durante tiroteio será homenageado

Professor que cantou para crianças durante tiroteio será homenageado. *Yahoo notícias!*, 18 out. 2017. Disponível em: <https://br.noticias.yahoo.com/professor-que-cantou-para-criancas-durante-tiroteio-sera-homenageado-114205632.html>. Acesso em: 13 jan. 2018.

 B

Aos 14 anos, plantava milho. Aos 25, é técnico profissional

Aos 14 anos, plantava milho. Aos 25, é técnico profissional, de Alex Sabino. *Terra*, 24 jun. 2016. Esportes. Disponível em: <https://www.terra.com.br/esportes/lance/aos-14-anos-plantava-milho-aos-25-e-tecnico-profissional,2684939da43d0c903c0dae0f0bc17f4740q158k6.html>. Acesso em: 13 jan. 2018.

 C

Menina de 10 anos, que cantava ópera em ferro-velho, ganha vaga em coral

Menina de 10 anos, que cantava ópera em ferro-velho, ganha vaga em coral, de Márcia Maria Cruz. *Estado de Minas*, Belo Horizonte, 1º nov. 2014. Disponível em: <https://www.em.com.br/app/noticia/gerais/2014/11/01/interna_gerais,585705/menina-de-10-anos-que-cantava-opera-em-ferro-velho-ganha-vaga-em-coral.shtml>. Acesso em: 15 jan. 2018.

 D

Apaixonado por plantas, morador plantou mais de 500 mudas de árvores na praça do bairro

Apaixonado por plantas, morador plantou mais de 500 mudas de árvores na praça do bairro, de Dariele Gomes. *Notícias do Dia*, Florianópolis, 24 dez. 2017. Notícias. Disponível em: <https://ndonline.com.br/florianopolis/noticias/apaixonado-por-plantas-morador-plantou-mais-de-500-mudas-de-arvores-na-praca-do-bairro>. Acesso em: 13 jan. 2018.

a. Todos os títulos apresentam ações realizadas no tempo passado. Quais palavras são responsáveis por expressar essas ações? Anote-as nos respectivos quadros.

A [   ] **B** [   ]

C [   ] **D** [   ]

b. Quais títulos apresentam uma ação passada que teve maior duração no tempo, ou seja, que foi habitual?

_____

c. E quais títulos apresentam uma ação passada e que foi momentânea, pontual?

_____

4. Pesquise em jornais e revistas uma frase com uma forma verbal que indique ações pontuais no passado e outra com uma forma verbal que indique ações habituais no passado. Recorte-as e cole-as nos locais indicados abaixo.

Ações pontuais ocorridas no passado

Ações que ocorreram com frequência ou foram habituais no passado

Palavras: significados e usos

Palavras de origem africana

1. Leia as palavras do quadro abaixo.

> **chimpanzé** ▪ **zabumba** ▪ **marimbondo**
> **senzala** ▪ **camundongo** ▪ **caxumba**

Foto de uma zabumba.

💬 Você conhece alguma dessas palavras? Em que contexto costuma empregá-la(s)?

Boa parte do vocabulário brasileiro é originária de línguas faladas pelos povos africanos que foram trazidos para o Brasil no período colonial. Palavras como as do quadro acima, entre outras, são exemplos disso.

Essa apropriação de palavras africanas por parte do vocabulário da língua portuguesa acabou acontecendo porque povos africanos traziam consigo a cultura de seu grupo social, inclusive a língua, e havia o contato (diálogo e convívio) entre habitantes do Brasil e esses povos.

2. Escreva a primeira letra do nome de cada imagem e descubra algumas palavras que são de origem africana.

Como se escreve?

Mas e mais

1. Leia a anedota a seguir e responda às questões.

O médico chama o técnico pra consertar sua televisão. Quando o técnico diz o preço, o médico protesta:

— Você está cobrando **mais** do que eu cobro pra consertar gente!

— Eu sei. **Mas** é que o senhor trabalha sempre com o mesmo modelo.

As anedotinhas do Bichinho da Maçã, de Ziraldo.
São Paulo: Melhoramentos, 2006. p. 14.

a. Por que o técnico afirma que o médico trabalha sempre com o mesmo modelo?

_____

_____

_____

b. Que efeito de sentido essa afirmação do técnico provoca na anedota?

_____

2. Analise as palavras **mais** e **mas** em destaque na anedota. Depois, responda às questões a seguir.

a. Qual dessas palavras expressa ideia de contrariedade, de oposição?

_____

b. Qual delas indica ideia de intensidade ou superioridade?

_____

A palavra **mais** é usada quando se quer apresentar ideia de quantidade, intensidade, de acréscimo ou superioridade. A palavra **mas** é empregada quando se quer apresentar ideia de contrariedade, de oposição.

Trás e traz

1. Leia as falas dos personagens, prestando atenção às palavras em destaque.

O QUE VOCÊ ACHA QUE ESTÁ POR **TRÁS** DAS IDEIAS DESSE POEMA?

ESSE POEMA ME **TRAZ** LINDAS RECORDAÇÕES!

Ilustrações: Rubens Tavares

a. As palavras destacadas são pronunciadas da mesma forma ou de formas diferentes?

_____

b. Elas são escritas da mesma forma ou de formas diferentes?

_____

c. Explique a diferença de significado entre essas palavras nas falas acima.

_____

_____

_____

A palavra **trás** indica uma posição, um lugar.

A palavra **traz** é uma forma do verbo **trazer**, que pode significar "transportar alguém ou algo"; "conter em si"; entre outros significados.

Pratique e aprenda

1. Reescreva as frases a seguir, substituindo os termos em destaque por outras palavras equivalentes.

> **Dica** Algumas sugestões de palavras são: **e**, **acima**, **outras**, **porém** e **entretanto**.

a. Fábio **mais** seu amigo Rui viajaram para a África.

_____

_____

b. A cultura brasileira é muito original, **mas** recebeu fortes influências africanas.

_____

_____

c. Eles conheceram **mais** de trinta objetos africanos.

_____

_____

d. Os contos africanos são simples, **mas** nos impressionam muito.

_____

_____

e. Paula quer ler **mais** obras de escritores africanos.

_____

_____

2. Complete as frases a seguir com **trás** ou **traz**.

a. Nossa professora sempre _____ bons livros para lermos.

b. Todos para _____, pois o _show_ vai começar!

c. Quem está por _____ dessa fantasia?

d. Para _____, pois essa obra é muito valiosa!

e. O conto _____ importantes ensinamentos.

Nossa cultura

O Brasil é conhecido por sua diversidade cultural, que é resultado da absorção de tradições de outros povos para assim formar as suas próprias marcas culturais. Em nosso país é encontrada a maior população africana fora da África. Veja a seguir alguns exemplos do que veio desse continente e hoje faz parte do nosso patrimônio.

A capoeira é um jogo que chegou ao Brasil na colonização junto com os africanos escravizados. Ela era considerada uma luta, mas foi adaptada com cantos africanos para que os escravos conseguissem praticá-la sem que fossem punidos por seus donos. Assim, ela se formou do jeito que a conhecemos atualmente. Em 2014, recebeu o título de Patrimônio Cultural Imaterial da Humanidade pela Organização das Nações Unidas para a Educação, a Ciência e a Cultura (Unesco).

Pessoas jogando capoeira.

Instrumentos usados no maracatu.

O maracatu é um ritmo musical que era apresentado em cerimônias religiosas ou cívicas para coroar reis e rainhas do povo africano. Sua característica principal é o uso marcante da percussão de tambores. Além disso, com o tempo e a vinda dessa tradição para o Brasil, outros instrumentos, como o chocalho, se juntaram para gerar o maracatu que conhecemos atualmente.

Fotomontagem de Rogério C. Rocha. Fotos: tunart, marciopannunzio, stockcam, evdakovka e kostenkodesign/iStock/Getty Images

💬 **a.** A cultura brasileira é marcada por elementos de outras culturas. Conforme o texto, qual é a maior população encontrada no Brasil fora de seu próprio continente e quais elementos trouxe para a nossa cultura?

📑 **b.** Pesquise em jornais, revistas e na internet marcas culturais de outros países que foram trazidas e incorporadas na cultura do nosso país. Registre a pesquisa no caderno e depois compartilhe as informações com os colegas.

Produção oral e escrita

Produzir e gravar uma reportagem

Nesta unidade, você leu uma reportagem e um conto popular africano. Agora, você vai pesquisar sobre algum aspecto da cultura afro-brasileira e escrever uma reportagem.

Depois, vai gravá-la simulando um jornal televisivo ou radiofônico que será apresentado aos demais alunos da escola.

Para começar esta atividade, veja as orientações a seguir.

Planeje

- Escolha um dos seguintes aspectos da cultura afro-brasileira para abordar em seu texto: música, culinária, artesanato, costumes, lendas, artes, brinquedos e brincadeiras ou outros.

- Pesquise informações sobre o tema escolhido em livros, revistas, enciclopédias ou na internet. Você também pode entrevistar pessoas envolvidas com a cultura afro-brasileira.

Aprenda mais!

A sugestão apresentada abaixo pode ajudá-lo nessa pesquisa.

Ao ler o livro *O que há de África em nós*, você vai saber mais sobre como os africanos chegaram ao nosso país, como se estabeleceram e o que trouxeram de riquezas culturais e tradicionais para a história do Brasil.

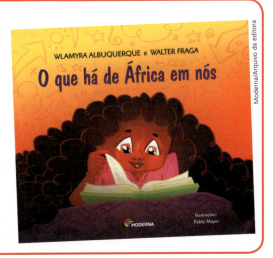

Moderna/Arquivo da editora

O que há de África em nós, de Wlamyra Albuquerque e Walter Fraga. São Paulo: Moderna, 2013.

- Leia o que você pesquisou e selecione as informações que vai utilizar em sua reportagem. Lembre-se de que elas vão formar um único texto, portanto devem tratar de assuntos relacionados entre si.

- Você também pode pesquisar imagens — fotos, ilustrações, mapas —, gráficos e tabelas para inserir em sua reportagem.

Escreva

Planejado o texto, faça um rascunho em seu caderno.

- Lembre-se de que o objetivo de uma reportagem é apresentar informações sobre determinado assunto de forma mais detalhada.

- Seu texto pode apresentar linha fina e você pode incluir a fala de outras pessoas no texto ou dados históricos.

- Utilize intertítulos para organizar as partes da reportagem.

- Empregue uma linguagem formal e evite expressões típicas da oralidade.

- Lembre-se de fazer as concordâncias verbal e nominal corretamente e de utilizar sinônimos e pronomes para evitar repetições.

- Atente à escrita das palavras e ao uso dos sinais de pontuação.

- Por fim, crie um título interessante para a reportagem.

Revise

Após finalizar o rascunho do texto, leia-o e verifique se:

- foi pesquisado um aspecto da cultura afro-brasileira;
- a reportagem apresenta introdução, desenvolvimento e conclusão;
- o texto está organizado em parágrafos e dividido por intertítulos;
- foi empregado o registro formal;
- as palavras estão escritas corretamente e o texto está devidamente pontuado;
- foi criado um título interessante.

Após reler o seu texto, troque-o com um colega para que ele o leia e faça apontamentos para a melhoria da sua reportagem. Faça o mesmo com o texto dele, colaborando de forma respeitosa.

Reescreva

Após revisar o texto, reescreva a reportagem, fazendo as alterações necessárias. Lembre-se de inserir o seu nome ao final e de inserir as imagens para ilustrar seu texto. Caso seja possível, o computador pode ser utilizado para passar o texto a limpo, organizá-lo e inserir as imagens necessárias.

Apresente

Finalizadas as reportagens escritas, vocês devem gravá-las em áudio ou vídeo para apresentar um jornal televisivo ou radiofônico.

- Para o jornal televisivo, você pode gravar a reportagem com celular, *tablet* ou câmera. Para o jornal radiofônico, pode usar celular, *tablet* ou gravador.

- Antes da gravação, releia a reportagem que você produziu para ter mais segurança. Durante a gravação, leia o texto pausadamente e empregue um tom de voz que todos possam ouvir.

- Caso a sua escolha seja o jornal televisivo, lembre-se de manter a postura e ficar sempre de frente para a câmera. Você pode apresentar imagens, gráficos ou tabelas na gravação. Para isso, elabore cartazes.

- Caso a sua escolha seja o jornal radiofônico, você pode inserir na sua gravação trechos de entrevistas realizadas.

- No momento de apresentar o jornal radiofônico, articule bem as palavras para que todos possam compreender.

- No dia da apresentação das reportagens, a turma deverá organizar duas salas com o professor, uma para reproduzir os jornais televisivos e outra para reproduzir os jornais radiofônicos.

- Separem os telespectadores ou ouvintes em dois grupos e levem-nos até as salas onde serão apresentados os jornais. Em seguida, troquem os grupos para que todos possam conhecer e participar da apresentação dos dois jornais.

Avalie

Ao final das atividades, responda aos questionamentos propostos para avaliar seu desempenho nesta produção.

	Sim	Não
Selecionei informações que colaboraram para a produção da reportagem?		
Organizei a reportagem em introdução, desenvolvimento e conclusão e utilizei intertítulos?		
Consegui gravar minha reportagem para apresentá-la em vídeo ou áudio?		

Aprenda mais!

Para conhecer mais sobre a influência da cultura africana em nosso país e ler mais informações sobre assuntos relacionados a ela, acesse o *site* indicado abaixo.

<http://www.museuafrobrasil.org.br/>

Acesso em: 15 jan. 2018.

Disponível em: <www.museuafrobrasil.org.br>. Acesso em: 15 jan. 2018

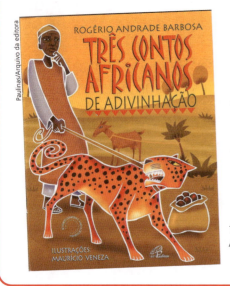

Paulinas/Arquivo da editora

O livro *Três contos africanos de adivinhação*, do autor Rogério Andrade Barbosa, ilustrado por Maurício Veneza, tem por objetivo desafiar o leitor a solucionar os enigmas propostos em três narrativas oriundas da literatura oral africana.

Três contos africanos de adivinhação, de Rogério Andrade Barbosa. São Paulo: Paulinas, 2009.

Ponto de chegada

Agora, vamos revisar os conteúdos estudados nesta unidade. Para isso, faça uma roda de conversa com os colegas e responda às questões abaixo.

1. Qual é a função dos intertítulos em uma reportagem?

2. Quais são os três modos verbais? Qual é a diferença entre eles?

3. Quais características de um conto popular você conheceu nesta unidade?

4. Quais são as ideias de passado que os verbos podem indicar?

5. Em que ocasião a palavra **mas** é usada? E a palavra **mais**?

6. Em que situações empregamos a palavra **trás**? E a palavra **traz**?

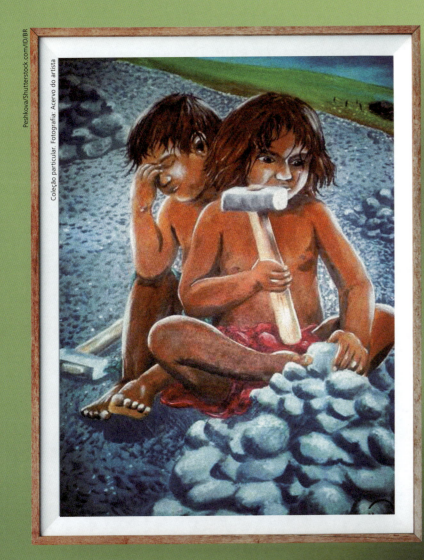

Peshkova/Shutterstock.com/ID/BR

Coleção particular. Fotografia: Acervo do artista

Trabalho infantil, de Mharkus, óleo sobre tela, 60 cm x 80 cm, 2008.

PavelShynkarou/Shutterstock.com/ID/BR

Ponto de partida

1. O que a pintura reproduzida acima retrata?

2. Pela expressão facial, como você acha que as crianças estão se sentindo?

3. Em sua opinião, o que essas crianças deveriam estar fazendo?

Lendo um poema

Do que você precisa para seu café da manhã? Como esses produtos chegam até a sua casa? Muitas vezes, nem precisamos sair de casa para termos o leite para o café da manhã. Mas será que com todo mundo é assim?

Observe a imagem e o título do poema a seguir. Do que você acha que ele vai tratar?

Caminhão de leite

A gente acordava, madrugada ainda,

pra buscar leite na colônia. Fazia frio na rua.

Tínhamos medo, pois não havia passos nem vozes,

só cães gaudérios namorando a Lua.

Lico mostrava uma estrela.

— Onde? Onde?

— Cruz credo, caiu.

— Vê lá, seu bobo, estrela cadente dá verruga no dedo.

E Lico espalmava a mão.

espalmava: abria   **gaudérios:** desocupados

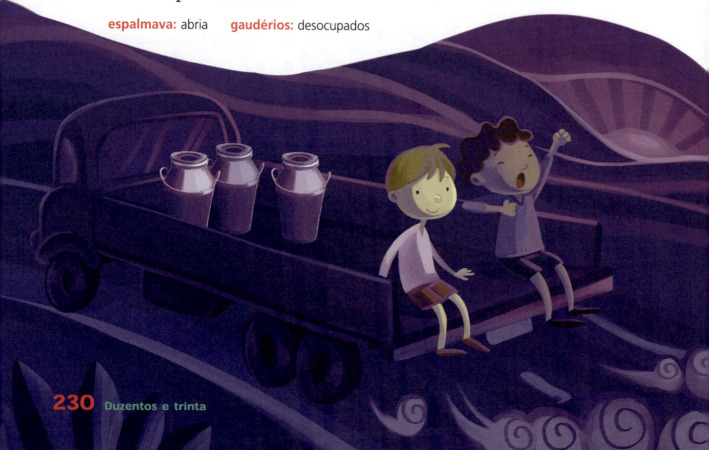

Sentávamos no meio-fio
enquanto o caminhão não vinha.
— É tempo de pandorga, Lico,
precisamos fazer grude, comprar papel.
— Não, acho que o tempo é de pião.
Ah, sabe, quando eu for grande, quero ter bicicleta,
dessas de enfeite no guidão, três ou quatro marchas
farol, campainha e catraca engraxada.

Eu, que nem escutava, dizia, Lico, na minha aula
acho que arranjei uma namorada: é minha professora.
Mas ela ainda nem sabe.

Um motor cansado gemia na ladeira
subíamos na carroceria,
os tarros vazios refletindo a luz das estrelas.
E a lua sumia. Brilhava o sol. Um operário passava,
de bicicleta, o farol ainda aceso, na manhã tão fria,
na manhã tão cedo.

Caminhão de leite, de Sérgio Capparelli. Em: *Restos de arco-íris*. 10. ed. Porto Alegre: L&PM, 2011. p. 12.

catraca: dispositivo que permite girar a roda traseira da bicicleta
grude: cola para papel
tarros: vasilhas de colher leite

O poema que você leu faz parte do livro *Restos de arco-íris,* do poeta Sérgio Capparelli, publicado pela editora L&PM. O autor, nascido em Minas Gerais, publicou vários livros voltados ao público infantojuvenil. O primeiro, de 1979, chama-se *Os meninos da rua da praia.*

Capa do livro *Restos de arco-íris*, de Sérgio Capparelli.

LP&M/Arquivo da editora

Estudando o texto

1. O assunto tratado no poema foi o mesmo que você imaginou antes da leitura? Converse com os colegas sobre isso.

2. O poema consiste nas memórias do eu poético, que relata algo sobre seu tempo de infância. O que ele relata?

3. Você já ouviu de algum dos seus familiares ou conhecidos uma história como a apresentada nesse poema? Compartilhe com os colegas.

4. Releia a primeira estrofe do poema.

Rubens Tavares

A gente acordava, madrugada ainda,
pra buscar leite na colônia. Fazia frio na rua.
Tínhamos medo, pois **não havia passos nem vozes,**
só cães gaudérios namorando a Lua.

a. O que significa a expressão destacada nessa estrofe? Marque um **X** na alternativa correta.

◯ Não havia ninguém na rua, pois ainda era muito cedo.

◯ Havia pessoas na rua, mas não estavam fazendo barulho.

b. Qual sinônimo poderia ser utilizado para substituir a palavra **gaudérios** sem interferir no sentido do texto?

5. Releia a terceira estrofe do poema. Em seguida, marque um **X** na alternativa que explica por que Lico espalmou a mão.

○ Porque apontar para estrela cadente dá verruga no dedo.

○ Porque a estrela cadente estava caindo e ele ficou com medo.

6. Releia os versos abaixo.

> — É tempo de **pandorga**, Lico.
>
> precisamos fazer grude, comprar papel.

a. Circule a imagem que representa a pandorga.

b. Qual é o nome desse brinquedo na região onde você mora?

_____

7. O eu poético diz querer uma bicicleta quando for grande. Como ele a descreve?

_____

_____

_____

8. Por que o menino afirma que a professora era sua namorada, mas ela não sabia disso?

_____

_____

9. Releia mais alguns versos do poema.

> E a lua sumia. Brilhava o sol. Um operário passava, de bicicleta, o farol ainda aceso, na manhã **tão** fria, na manhã **tão** cedo.

Que efeito de sentido a palavra em destaque provoca no poema?

_____

_____

10. Apesar da realidade em que viviam, como a infância dos personagens aparece no poema? Explique.

_____

_____

_____

11. Chamamos de estrofe as linhas agrupadas de um poema. Quantas estrofes possui o poema "Caminhão de leite"?

_____

12. Marque um **X** na alternativa correta quanto ao número de versos em cada estrofe do poema.

◯ Todas as estrofes possuem o mesmo número de versos.

◯ O número de versos varia em cada estrofe.

13. O que você sentiu ao ler esse poema? Compartilhe com os colegas as sensações que o poema provocou em você.

Lendo com expressividade

Agora, vamos realizar a leitura oral e expressiva do poema "Caminhão de leite". Um aluno vai ler as partes do eu poético adulto; outro vai ler as falas do eu poético criança; e um terceiro aluno, as falas de Lico. O professor vai ajudá-los a definir quem serão os leitores.

Lendo um artigo de opinião

O poema que você leu relata a rotina de duas crianças que iam buscar leite todos os dias de manhã. Você sabia que, mesmo havendo muitas ações para combater a exploração do trabalho infantil, algumas crianças deixam de ir à escola para trabalhar e ajudar no sustento da família?

Leia o artigo de opinião abaixo e saiba mais sobre esse assunto.

Erradicação do trabalho infantil

O 12 de junho foi escolhido como Dia Mundial de Erradicação do Trabalho Infantil. A OIT e outros organismos vêm empreendendo esforços para acabar com a exploração de crianças e adolescentes, mas, como vemos diariamente na imprensa, pouco se avançou. Segundo dados oficiais, 170 milhões de crianças e adolescentes em todo o mundo são obrigados a trabalhar para prover o próprio sustento e o das suas famílias, ou são explorados como escravos, sem qualquer tipo de remuneração.

Sem sombra de dúvidas, a sociedade, e em particular a brasileira, ainda não se conscientizou desse grave problema. E isto porque está viva a ideia de que é melhor a criança no trabalho, ocupada, sob observação de um adulto, supostamente protegida, do que andando nas ruas, exposta a perigos de toda ordem. Essa ideia prevalece nos lares, escolas e em todos os segmentos da sociedade. É tão grave o problema da exposição de crianças ao tráfico de drogas, à exploração sexual, aos maus-tratos etc. que as famílias preferem vê-las ocupadas, trabalhando no campo, em feiras livres, como babás, empregadas domésticas, carregando compras e mercadorias, ou exercendo outras atividades.

erradicação: extinção, eliminação
OIT: Organização Internacional do Trabalho

Fotomontagem de Rogério C. Rocha. Foto: filo/iStock/Getty Images

Precisamos, com urgência, mudar esse triste quadro em todo o mundo, em nosso país e, em especial, em nosso estado. Precisamos nos mobilizar, e mobilizar o poder público para assumir o seu papel. Precisamos de escolas em tempo integral que assegurem a educação formal e permitam que as crianças recebam alimentação adequada, pratiquem esportes e tenham lazer. Só assim, através da educação, venceremos essa batalha.

Não é redundante repetirmos: o trabalho da criança e do adolescente é prejudicial ao seu desenvolvimento. Atinge a saúde mental, emocional e cognitiva, e consequentemente irá fazer com que se torne um adulto desajustado, frustrado e pouco educado. Irá fazer com que se perpetue o ciclo de pobreza. Criança pobre que trabalha será um adulto pobre, que gerará outras crianças pobres, suscetíveis de serem também trabalhadoras. Criança é para estudar, brincar, sonhar, não para trabalhar!

Erradicação do trabalho infantil, de Vânia Chaves. *A Tarde*. 12 jun. 2015. Opinião. Disponível em: <http://atarde.uol.com.br/opiniao/noticias/1688190-erradicacao-do-trabalho-infantil-premium>. Acesso em: 18 out. 2017.

redundante: excessivo

O artigo que você leu foi publicado no jornal *A Tarde*. O jornal, sediado em Salvador, Bahia, apresenta notícias locais, do Brasil e do mundo, além de matérias esportivas e de entretenimento. Ele é veiculado de forma digital e impressa.

Página inicial do *site* do jornal *A Tarde*.

Disponível em: <http://atarde.uol.com.br>. Acesso em: 18 out. 2017

Fotomontagem de Rogério C. Rocha. Foto: filo/iStock/Getty Images

Estudando o texto

1. Do que trata o artigo de opinião que você leu?

2. Você já tinha conhecimento sobre o assunto abordado nesse artigo de opinião? Converse com os colegas sobre isso.

3. Qual é a opinião da autora do texto em relação ao trabalho infantil?

4. Em sua opinião, ela conseguiu convencer os leitores a concordar com as ideias que defende? Por quê?

5. De acordo com o texto, qual a data escolhida como Dia Mundial de Erradicação do Trabalho Infantil?

_____

6. Segundo o texto, por que a sociedade ainda não se conscientizou de que o trabalho infantil é um grave problema?

_____

_____

7. De acordo com a autora, o que é preciso fazer para que seja erradicado o trabalho infantil? Marque um **X** na alternativa correta.

○ Os pais ou responsáveis precisam manter as crianças dentro de casa para que não sejam expostas à violência.

○ Precisamos nos mobilizar e mobilizar o poder público para que sejam asseguradas educação e alimentação adequadas às crianças.

○ Somente a escola deve se responsabilizar pelos cuidados com as crianças, a fim de deixá-las longe da violência e dos maus-tratos.

8. Releia o trecho a seguir.

> Só assim, através da educação, **venceremos essa batalha**.

O que a autora quis dizer ao empregar a expressão em destaque?

_____

_____

9. Por que, de acordo com o texto, o trabalho infantil prejudica o desenvolvimento das crianças e dos adolescentes?

_____

_____

10. Releia o trecho abaixo.

> Precisamos, com urgência, mudar esse triste **quadro** em todo o mundo, em nosso país e, em especial, em nosso estado. Precisamos nos mobilizar, e mobilizar o poder público para assumir o seu **papel**.

Com que sentido as palavras destacadas foram empregadas nesse trecho?

_____

_____

11. Releia outro trecho do artigo.

> Segundo dados oficiais, 170 milhões de crianças e adolescentes em todo o mundo são obrigados a trabalhar para prover o próprio sustento e o das suas famílias, ou são explorados como escravos, sem qualquer tipo de remuneração.
>
> Sem sombra de dúvidas, a sociedade, e em particular a brasileira, ainda não se conscientizou desse grave problema.

Marque um **X** na alternativa que corresponde ao que está sendo apresentado nesse trecho.

○ Os dois parágrafos desse trecho apresentam um fato, expondo dados cientificamente comprovados.

○ O primeiro parágrafo apresenta um fato, com a apresentação de dados, e o segundo, a opinião da autora sobre o tema.

○ O primeiro parágrafo se refere à opinião da autora, em que ela apresenta um argumento sobre o número de crianças que trabalham.

12. O artigo de opinião geralmente apresenta as seguintes partes: introdução, desenvolvimento e conclusão. Ligue as colunas a seguir de acordo com o que cada uma dessas partes representa no artigo que você leu.

Introdução

No último parágrafo, é apresentada a conclusão da autora em relação ao tema.

Desenvolvimento

Nos segundo e terceiro parágrafos, a autora expõe o seu ponto de vista, utilizando argumentos para convencer o leitor.

Conclusão

No primeiro parágrafo, é apresentada a ideia central que será desenvolvida no artigo.

13. Qual registro linguístico foi empregado nesse artigo de opinião? Justifique sua resposta.

_____

_____

14. Em qual veículo ele foi publicado?

_____

15. Qual é o nome da autora desse artigo e qual é o público-alvo dele?

_____

_____

16. Você concorda com a opinião da autora desse artigo a respeito do tema trabalho infantil? Converse com os colegas sobre isso.

Comparando textos

O artigo de opinião que você leu nesta unidade apresenta o posicionamento da autora em relação ao trabalho infantil, a fim de convencer os leitores sobre sua opinião.

Agora, observe o anúncio de propaganda abaixo. Com que objetivo ele foi produzido?

12 de Junho – Dia contra o Trabalho Infantil, de Fórum Nacional de Prevenção e Erradicação do Trabalho Infantil.

Esse anúncio de propaganda que você leu foi publicado no *site* do *Fórum Nacional de Prevenção e Erradicação do Trabalho Infantil* (FNPETI), uma organização que, por meio de debates, busca ajudar o governo e a sociedade a definir estratégias para combater o trabalho infantil.

Página inicial do *site Fórum Nacional de Prevenção e Erradicação do Trabalho Infantil.*

1. Qual é o tema explorado no anúncio de propaganda que você leu?

2. Com que objetivo esse anúncio foi produzido?

3. Em sua opinião, da forma como foi elaborado, ele consegue atingir esse objetivo? Por quê?

4. O objetivo do anúncio é o mesmo que você imaginou antes da leitura? Converse com os colegas sobre isso.

5. Releia o texto do anúncio.

VAMOS ACABAR COM O TRABALHO INFANTIL
Em defesa dos Direitos Humanos e da Justiça Social

Fórum Nacional de Prevenção e Erradicação do Trabalho Infantil/ Governo Federal

a. Por que a primeira frase foi escrita com letras maiores?

_____

_____

_____

b. A palavra **vamos**, apresentada nessa frase, refere-se a quem?

_____

_____

c. Por que ao acabar com o trabalho infantil estaremos em defesa dos Direitos Humanos e da Justiça Social?

_____

_____

_____

_____

6. Quem é o responsável pela divulgação do anúncio que você leu?

_____

_____

7. O que a imagem do cata-vento representa no anúncio? Marque um X na alternativa correta.

○ Representa a alegria das crianças que estão em ambos os lados, mostrando que elas estão felizes na situação em que se encontram.

○ Representa o movimento, ou seja, a passagem das crianças, que estão trabalhando, para uma vida melhor.

○ Ele foi colocado no anúncio somente para ilustrar o texto, deixando-o mais colorido.

8. De que forma o texto escrito se relaciona à imagem apresentada no anúncio?

_____

_____

9. A autora do artigo de opinião "Erradicação do trabalho infantil" poderia utilizar esse anúncio para convencer os leitores em relação ao seu ponto de vista sobre o assunto? Por quê?

_____

_____

10. Releia um trecho do artigo de opinião.

> Precisamos de escolas em tempo integral que assegurem a educação formal [...]

De que forma este trecho se relaciona à imagem do anúncio?

_____

_____

11. Você viu que o artigo de opinião e o anúncio publicitário exploraram o mesmo tema de formas diferentes. Em sua opinião, de que outras maneiras é possível tratar desse assunto?

Estudando a língua

Tempo verbal: futuro

1. Releia abaixo o final do artigo de opinião "Erradicação do trabalho infantil" e responda às questões.

> Criança pobre que trabalha **será** um adulto pobre, que gerará outras crianças pobres, suscetíveis de serem também trabalhadoras. Criança é para estudar, brincar, sonhar, não para trabalhar!

a. A respeito da forma verbal em destaque nesse trecho, marque um **X** na alternativa correta.

◯ Ela expressa algo que já aconteceu.

◯ Ela expressa algo que está acontecendo.

◯ Ela expressa algo que ainda vai acontecer.

b. Por qual das formas abaixo a forma verbal **será** pode ser substituída sem alteração do tempo? Marque um **X** na alternativa correta.

◯ Vai ser. ◯ Tinha sido. ◯ Está sendo.

c. Identifique outra forma verbal empregada nesse trecho que também expressa algo que vai acontecer e escreva-a.

_____

d. De que outra maneira essa forma verbal poderia ser escrita, sem alteração do tempo?

_____

e. Reescreva a primeira frase desse trecho substituindo a palavra **criança** por **crianças**. Faça as adequações necessárias, mantendo o mesmo tempo verbal.

_____

_____

_____

2. Agora, leia o diálogo a seguir e responda às questões.

SE EU PUDESSE, ACABARIA COM O TRABALHO INFANTIL.

A CRIANÇA QUE TRABALHA TERÁ SÉRIOS PREJUÍZOS NO FUTURO.

Waldomiro Neto

a. Qual dos dois personagens afirma algo que ocorrerá no futuro com mais certeza?

_____

b. Qual é a forma verbal que indica isso? Circule-a.

c. Qual dos dois afirma algo que pode ocorrer no futuro dependendo de uma condição?

_____

d. Qual é a forma verbal que revela essa intenção? Circule-a.

De acordo com o que você analisou, os verbos podem expressar o **futuro** de mais de uma maneira: uma que indica um fato que vai ocorrer, como a forma **terá**, e a outra é indicando um fato que pode ocorrer dependendo de uma condição, como a forma **acabaria**.

Atenção para a grafia de algumas formas verbais. As terminadas em **-ram** indicam algo que já ocorreu. Veja.

Os meninos falaram .

↓

passado

As formas verbais terminadas em **-rão** indicam algo que vai ocorrer.

Os meninos falarão .

↓

futuro

Pratique e aprenda

1. Leia a tirinha a seguir e responda às questões.

Os dias estão todos ocupados: as aventuras de Calvin e Haroldo, de Bill Watterson.
Tradução de Alexandre Boide. São Paulo: Conrad, 2011. p. 108.

a. No segundo quadrinho, Calvin fala de um mundo melhor. Essa condição do mundo:

◯ já aconteceu há muito tempo.

◯ está acontecendo no momento em que Calvin fala.

◯ é uma possibilidade para o futuro.

• Que forma verbal indica essa característica temporal?

_____

b. Segundo Calvin, qual é a condição para que o mundo seja melhor?

_____

c. Calvin estava realmente preocupado com os outros? Justifique sua resposta.

_____

_____

d. Em sua opinião, qual é a parte mais engraçada dessa tirinha?

_____

_____

2. Releia a última fala de Calvin.

> Eu! Todo mundo devia pensar em mim!

a. Calvin empregou a locução **devia pensar** com a finalidade de:

○ indicar uma ação que ele considera necessária.

○ expressar um fato ocorrido com ele no passado.

○ indicar uma ação que ocorre ao mesmo tempo em que ele fala.

b. A locução que Calvin empregou é uma variação da locução **deveria pensar** e é mais utilizada em situações informais de uso. A opção de Calvin, ao empregar **devia pensar**, está adequada à situação apresentada na tirinha? Por quê?

_____

_____

3. Releia o seguinte trecho do artigo "Erradicação do trabalho infantil".

> Só assim, através da educação, venceremos essa batalha.

a. Qual forma verbal foi empregada nesse trecho? Circule-a.

b. Essa forma verbal expressa um fato no presente, no passado ou no futuro?

_____

c. Caso a forma verbal empregada fosse **venceríamos**, que diferença de sentido haveria nesse trecho?

_____

_____

Divirta-se e aprenda

Jogo da memória dos verbos

Agora você vai brincar com os colegas. Para isso, recortem as peças do **Jogo da memória dos verbos** da página **271**, do **Material complementar**, e ouçam as orientações do professor.

Como se escreve?

Sons do x

1. Releia um trecho do artigo de opinião "Erradicação do trabalho infantil".

> É tão grave o problema da exposição de crianças ao tráfico de drogas, à exploração sexual, aos maus-tratos etc. que as famílias preferem vê-las ocupadas, trabalhando no campo, em feiras livres, como babás, empregadas domésticas, carregando compras e mercadorias, ou exercendo outras atividades.

a. Nesse trecho, há quatro palavras escritas com a letra **x**. Quais são essas palavras?

_____

_____

b. Leia em voz alta as palavras. O som representado pela letra **x** é o mesmo em todas elas?

_____

_____

_____

> A letra **x** pode representar som de **s** (exposição), **z** (exercendo), **ks** (boxe) e **ch** (xale).

c. Escreva algumas palavras que você conhece que contenham a letra **x** representando diferentes sons.

_____

_____

Pratique e aprenda

1. Escreva o nome de cada uma das imagens a seguir.

_____

_____

_____

_____

2. Separe as palavras do quadro abaixo de acordo com o som que o **x** possui em cada uma delas.

> próximo ▪ faxina ▪ sexto ▪ enxame ▪ reflexão ▪ complexo
> exame ▪ exuberante ▪ trouxe ▪ xampu ▪ boxe

a. Som de **s**: _____

b. Som de **ch**: _____

c. Som de **ks**: _____

d. Som de **z**: _____

3. Escreva no caderno as dez palavras que o professor vai dizer. Depois consulte um dicionário para saber se você acertou ou se precisa corrigi-las.

As consequências do trabalho infantil

Segundo a Organização das Nações Unidas, mais de 100 milhões de crianças estão trabalhando no mundo. O trabalho infantil, além de ser contra a lei, prejudica o desenvolvimento do corpo e da saúde dessas crianças.

No trabalho, várias crianças ficam expostas a fatores que interferem diretamente na sua saúde e no seu desenvolvimento. Observe alguns dos problemas que podem se desenvolver com essa prática.

INTOXICAÇÃO POR AGROTÓXICOS, PROVOCADA PELO CONTATO COM ESSES PRODUTOS EM LAVOURA E TRABALHOS AGRÍCOLAS.

DOENÇAS OU PROBLEMAS NO APARELHO RESPIRATÓRIO, PROVOCADOS PELA INGESTÃO DE AR POLUÍDO POR PÓ EM PEDREIRAS, CERÂMICAS E CARVOARIAS.

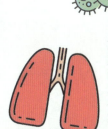

PROBLEMAS DE COLUNA, PROVOCADOS PELO TRABALHO PESADO EM LAVOURAS, CARVOARIAS, GARIMPO DE LIXO E NAS RUAS.

PERDA DE AUDIÇÃO, PROVOCADA PELA GRANDE QUANTIDADE DE BARULHO EMITIDO POR MÁQUINAS EM PEDREIRAS OU FÁBRICAS.

Fotomontagem de Rogério C. Rocha. Fotos: Mykyta Dolmatov, Enis Aksoy e shopplaywood/iStock/Getty Images e xtock, supot phanna e Potapov Alexander/Shutterstock.com/ID/BR

Além dos danos físicos, muitas crianças sofrem emocionalmente, pois são exploradas, estão sujeitas a maus-tratos por seus empregadores e não aproveitam a infância, deixando de estudar, brincar e sonhar.

a. De acordo com o texto, por que o trabalho infantil é prejudicial às crianças?

b. Quais consequências o trabalho infantil traz para a saúde da criança?

Produção oral

Realizar seminário

Nesta unidade, você leu textos que tratam do trabalho infantil e obteve algumas informações sobre esse assunto.

Agora, você e seus colegas pesquisarão mais sobre esse tema, para aprofundar seus conhecimentos e, em seguida, apresentarão seminários, expondo essas novas informações e discutindo sobre o assunto.

Planejem

Antes de iniciar a produção, leiam as orientações a seguir.

- O professor vai organizar a turma em grupos de quatro ou cinco integrantes e sortear a data da apresentação de cada um dos grupos.

Aprenda mais!

As sugestões a seguir podem auxiliá-los na pesquisa sobre esse tema.

A cartilha elaborada pelo famoso cartunista Ziraldo para o Ministério do Trabalho e do Emprego traz, de forma divertida, informações sobre o trabalho infantil e como combatê-lo.

Ministério do Trabalho e do Emprego/Governo Federal

Saiba tudo sobre o trabalho infantil ou sobre a exploração de mão-de-obra infantil, de Ziraldo para o Ministério do Trabalho e Emprego. Disponível em: <http://www.conscienciaprevencionista.com.br/upload/arquivo_download/1962/cartilha_trabalho_infantil.pdf>. Acesso em: 15 jan. 2018.

Fórum Estadual de Prevenção e Erradicação do Trabalho Infantil do Estado do Maranhão

Você sabe o que caracteriza um trabalho infantil? Leia a cartilha *Trabalho infantil doméstico: não deixe entrar na sua casa* para saber como ele acontece e as consequências que ele traz para a vida das crianças e dos adolescentes.

Trabalho infantil doméstico: não deixe entrar na sua casa, de Fórum Estadual de Erradicação do Trabalho Infantil do Maranhão, São Luís, 2009. Disponível em: <https://www.unicef.org/brazil/pt/cartilha_TID_MA.pdf>. Acesso em: 15 jan. 2018.

- Veja abaixo algumas sugestões do que vocês podem pesquisar.

- Número de crianças que trabalham no Brasil.
- O trabalho infantil no Brasil e no mundo.
- Os tipos de trabalho infantil que existem.
- As regiões brasileiras em que mais há trabalho infantil.
- O trabalho infantil no passado e no presente.
- Quando uma criança pode trabalhar: a questão do menor aprendiz.
- O trabalho infantil doméstico.
- O trabalho infantil e o desempenho escolar.

Paula Ferreira

- Para isso, consultem diversas fontes: internet, livros, revistas, jornais, filmes, documentários, cartilhas e pessoas conhecidas que possam saber sobre o assunto.

- Reúnam todo o material pesquisado e selecionem o que vocês utilizarão no seminário.

- Elaborem um roteiro de apresentação, dividindo o que cada integrante do grupo vai expor.

- Em seguida, cada aluno deve escrever o que apresentará no seminário. Esse texto pode ser escrito em forma de tópicos, que auxiliam a memorização para o momento da apresentação, ou em parágrafos, como um texto informativo.

- Vocês poderão utilizar materiais de apoio, como vídeos, cartazes, apresentação de *slides* em um computador, aparelho de som, cópias de imagens ou textos, entre outros. Lembrem-se de providenciá-los antecipadamente.

- Definido o tema e o que cada um vai apresentar, o grupo deve ensaiar o seminário antes da data marcada para a apresentação.

- Organizem a apresentação em três partes: introdução (cumprimento, apresentação do grupo e introdução ao assunto), desenvolvimento (o conteúdo pesquisado, que pode ser dividido entre dois ou três alunos) e conclusão (finalização da apresentação com considerações sobre o assunto que julgarem importantes).

Realizem

Para a apresentação do seminário, sigam estas orientações.

- Fiquem de frente para os demais colegas da turma e utilizem um tom de voz adequado para que todos consigam ouvi-los.
- Obedeçam ao tempo estipulado pelo professor e dividam-no entre os integrantes do grupo.
- Empreguem o registro formal da língua no momento da apresentação, evitando o uso de gírias, por exemplo.
- Respeitem os demais grupos no momento da apresentação deles, mantendo-se em silêncio e prestando atenção.
- Ao final de cada seminário, os outros grupos podem fazer perguntas ou comentários sobre o assunto, o que enriquece a apresentação dos colegas.

Avaliem

Quando todos os grupos finalizarem os seminários, respondam às questões abaixo a fim de avaliar o desempenho de vocês.

	Sim	Não
Todos os integrantes do grupo colaboraram para a realização do seminário?		
Utilizamos materiais de apoio para torná-lo mais interessante?		
Dividimos o seminário em introdução, desenvolvimento e conclusão?		
Obedecemos ao tempo estipulado?		
Empregamos o registro formal durante a apresentação?		
Ficamos em silêncio e prestamos atenção às apresentações do seminário dos demais colegas?		

Aprenda mais!

Para saber mais sobre a difícil rotina de crianças exploradas pelo trabalho infantil, conheça o livro *Carvoeirinhos*, de Roger Mello. Nessa obra, o autor apresenta a história da batalha cotidiana de um menino que tem o árduo trabalho em uma carvoaria, suas conversas e a necessidade de escapar dos fiscais, tudo narrado por um marimbondo.

Carvoeirinhos, de Roger Mello. São Paulo: Companhia das Letrinhas, 2009.

Companhia das Letrinhas/Arquivo da editora

Ponto de chegada

Chegamos ao fim de mais um ciclo. Vamos revisar os conteúdos estudados nesta última unidade? Para isso, faça uma roda de conversa com os colegas e responda às questões abaixo.

1. Quanto à estrutura, que diferença na forma de apresentação do texto podemos observar entre um poema e um artigo de opinião?

2. Qual é o principal objetivo de um artigo de opinião?

3. De acordo com o que foi apresentado na unidade e com as conversas realizadas nas aulas, qual é a sua opinião sobre o trabalho infantil?

Rubens Tavares

4. Quais são as ideias de futuro que os verbos podem indicar?

5. Que sons a letra **x** pode representar na escrita?

Abram-se as cortinas!

NA UNIDADE **6**, VOCÊ E SEUS COLEGAS ESCREVERAM TEXTOS DRAMÁTICOS. AGORA, CHEGOU O MOMENTO MAIS DIVERTIDO E EMOCIONANTE: A ENCENAÇÃO DE UM DESSES TEXTOS!

ALÉM DE ENCENAR, VOCÊS VÃO CONFECCIONAR UM CONVITE PARA TODA A COMUNIDADE ESCOLAR PRESTIGIAR ESSE MOMENTO.

MAS, PRIMEIRO, QUE TAL ORGANIZAR EM UM LIVRO OS TEXTOS DRAMÁTICOS QUE VOCÊS ESCREVERAM? ELE SERÁ O REGISTRO DESSE TRABALHO TÃO IMPORTANTE QUE VOCÊS REALIZARAM NESTE ANO E PODERÁ FICAR DISPONÍVEL NA BIBLIOTECA DA ESCOLA. ABRAM-SE AS CORTINAS!

1 Confeccionar livro de textos dramáticos

O professor vai organizar a turma em três grupos, para executar as tarefas apresentadas a seguir.

- Grupo **1**: responsável por reunir todas as produções da turma, organizá-las e numerar as páginas.

- Grupo **2**: responsável por elaborar um sumário com base na organização dos textos realizada pelo grupo **1**. No sumário, deve haver o título de cada texto dramático, o nome do autor e a página em que o texto se encontra no livro.

- Grupo **3**: responsável por produzir a capa do livro, que deve ser atraente, com um título instigante e ilustrada.

Henrique Jorge

❷ Produzir convites

- Individualmente, produza um convite informando sobre a apresentação teatral que vocês vão realizar. Para isso, o professor definirá com a turma uma data, um local e um horário para essa apresentação. Lembre-se de que esse convite será para um amigo ou familiar.

- Em meia folha de papel sulfite, faça uma ilustração relacionada ao tema teatro.

- Na parte superior, escreva a palavra **Convite** e, a seguir, escreva as informações, como local, data e hora da apresentação, além do título da peça que vocês escolheram.

- Para convidar os alunos de outras turmas, os funcionários e professores da escola, junte-se a mais colegas para fazer um cartaz com as mesmas informações do convite. Em seguida, fixem-no em um mural de recados onde todos possam ver.

3 **Organizar a apresentação de uma peça de teatro**

- Releiam os textos dramáticos produzidos por vocês e façam uma votação para escolher qual será encenado.

- O professor vai organizar a turma em quatro grupos e cada um ficará responsável por um dos seguintes itens.

  › Grupo **1**: atores da peça. A quantidade será de acordo com a quantidade de personagens do texto dramático escolhido. Nem todos serão os atores, mas todos terão uma função importante na encenação.

  › Grupo **2**: figurino e maquiagem. Alguns alunos ficarão responsáveis por providenciar as roupas, os acessórios e as maquiagens dos atores. Vale utilizar roupas suas ou de seus familiares que não são mais utilizadas, ou confeccioná-las com TNT, papel ou retalhos de tecidos.

  › Grupo **3**: cenário. Este grupo será responsável pelos elementos que vão compor o espaço onde a peça vai acontecer. O cenário pode ser montado com objetos e móveis da própria escola ou pode ser produzido em papelão e cartolina.

  › Grupo **4**: sonoplastia. Os alunos deste grupo cuidarão dos sons da peça, desde músicas até efeitos sonoros, como barulho de chuva, trovão, sons de animais e outros que forem necessários.

- O professor será o diretor da peça e o responsável pelos ensaios antes das apresentações.

Isabela Santos

- Caso você seja um dos atores, ensaie bem suas falas, decore-as e fique atento às rubricas. Se você estiver participando também dos demais grupos, organize-se para providenciar o que for necessário antes da montagem da peça.

- No dia da apresentação, mantenha-se calmo e focado na tarefa que lhe foi atribuída. Lembre-se de que tudo é ao vivo e por isso é necessária a atenção redobrada de cada um.

- Após a encenação, todos os alunos deverão se dirigir ao palco para agradecer a presença dos convidados.

- Ao final, não se esqueçam de ajudar a organizar os objetos, o espaço e a limpar o local utilizado para a encenação.

Avaliem

Reúnam-se para conversar sobre a atividade realizada e avaliá-la. Para isso, utilizem as perguntas a seguir.

	Sim	Não
Todos participaram da confecção do livro de textos dramáticos?		
Produzimos os convites individuais e os cartazes para convidar a comunidade escolar?		
Todos auxiliaram na produção da peça de teatro?		
Após a encenação, agradecemos a presença dos convidados e, depois, arrumamos o local?		

Aprenda mais!

Um palco de teatro não é lugar apenas para a gente se apresentar. Bonecos sabem muito bem como impressionar uma plateia. É isso o que os bonecos da Cia. Truks fazem. Acesse o *site* indicado abaixo e conheça esse trabalho, que é um verdadeiro espetáculo.

<http://www.truks.com.br/>

Acesso em: 16 jan. 2018.

Disponível em: <www.truks.com.br>.
Acesso em: 16 jan. 2018

Bibliografia

ABRAMOVICH, Fanny. Por uma arte de contar histórias. In: _____. *Literatura infantil*: gostosuras e bobices. São Paulo: Scipione, 1989.

ANTUNES, Irandé. *Aula de português*: encontro e interação. São Paulo: Parábola, 2003.

BAGNO, Marcos. *Nada na língua é por acaso*: por uma pedagogia da variação linguística. São Paulo: Parábola, 2007.

BAKHTIN, Mikhail. *Estética da criação verbal*. 5. ed. São Paulo: Martins Fontes, 2010.

BORTONI-RICARDO, Stella Maris. *Educação em língua materna*: a sociolinguística em sala de aula. São Paulo: Parábola, 2004.

BORTONI-RICARDO, Stella Maris; SOUSA, Maria Alice Fernandes de. *Falar, ler e escrever em sala de aula*: do período pós-alfabetização ao 5º ano. São Paulo: Parábola, 2008.

BRANDÃO, Helena N. (Org.). *Gêneros do discurso na escola*. 5. ed. São Paulo: Cortez, 2011.

BRASIL. Ministério da Educação. *Base Nacional Comum Curricular*. Proposta preliminar. Terceira versão revista. Brasília: MEC, 2017. Disponível em: <http://basenacionalcomum.mec.gov.br/images/BNCC_publicacao.pdf>. Acesso em: 10 out. 2017.

_____. Câmara dos Deputados. *Estatuto da criança e do adolescente*. 7. ed. Brasília: Edições Câmara, 2010.

_____. Ministério da educação. Secretaria de Educação Básica. Conselho Nacional de Educação. *Diretrizes curriculares nacionais para o ensino fundamental de 9 (nove) anos*. Brasília: MEC/SEB, resolução n. 7, 2010.

CASTILHO, Ataliba Teixeira de. *Nova Gramática do Português Brasileiro*. São Paulo: Contexto, 2010.

CHARTIER, Anne-Marie; CLESSE, Christiane; HÉBRARD, Jean. *Ler e escrever*: entrando no mundo da escrita. Porto Alegre: Artmed, 1996.

COELHO, Nelly Novaes. *Dicionário crítico da literatura infantil e juvenil brasileira*. 5. ed. São Paulo: Companhia Editora Nacional, 2006.

COSSON, Rildo. *Letramento literário*: teoria e prática. São Paulo: Contexto, 2006.

COSTA, Sérgio Roberto. *Dicionário de gêneros textuais*. Belo Horizonte: Autêntica, 2008.

ELIAS, Vanda Maria. *Ensino de Língua Portuguesa*: oralidade, escrita e leitura. São Paulo: Contexto, 2011.

FERREIRO, Emilia; PALÁCIO, Margarita Gomez. *Os processos de leitura e escrita*: novas perspectivas. 2. ed. Porto Alegre: Artmed, 1990.

FERREIRO, Emilia; TEBEROSKY, Ana. *Psicogênese da língua escrita*. Porto Alegre: Artmed, 1999.

GERALDI, João Wanderley. *O texto na sala de aula*. 4. ed. São Paulo: Ática, 2006.

GERALDI, João Wanderley; CITELLI, Beatriz (Coord.). *Aprender e ensinar com textos de alunos*. 3. ed. São Paulo: Cortez, 1997.

JOLIBERT, Josette (Coord.). *Formando crianças leitoras*. Porto Alegre: Artmed, 1994.

KATO, Mary (Org.). *A concepção da escrita pela criança*. Campinas: Pontes, 2002.

KLEIMAN, Angela. *Oficina de leitura*: teoria e prática. 6. ed. Campinas: Pontes, 1998.

KOCH, Ingedore G. Villaça. *O texto e a construção dos sentidos*. 9. ed. São Paulo: Contexto, 2007.

LEAL, Telma Ferraz; BRANDÃO, Ana Carolina Perrusi (Org.). *Produção de textos na escola*: reflexões e práticas no ensino fundamental. Belo Horizonte: Autêntica, 2006.

LUCKESI, Cipriano C. *Avaliação da aprendizagem escolar*. 18. ed. São Paulo: Cortez, 2006.

MARCUSCHI, Luiz Antônio. *Produção textual, análise de gêneros e compreensão*. São Paulo: Parábola, 2008.

MARCUSCHI, Luiz Antônio; XAVIER, Antonio Carlos. *Hipertexto e gêneros digitais*. Rio de Janeiro: Lucerna, 2004.

MATENCIO, Maria de Lourdes Meirelles. *Leitura, produção de textos e a escola*. Campinas: Mercado de Letras, 2010.

MORAIS, Artur Gomes de. *Ortografia*: ensinar e aprender. 5. ed. São Paulo: Ática, 2010.

PAVIANI, Jayme. *Interdisciplinaridade*: conceitos e distinções. 2. ed. Caxias do Sul: Educs, 2008.

POSSENTI, Sírio. *Por que (não) ensinar gramática na escola*. Campinas: Mercado das Letras/ALB, 1996.

ROJO, Roxane; MOURA, Eduardo (Org.). *Multiletramentos na escola*. São Paulo: Parábola, 2012.

SOARES, Magda. *Alfabetização e letramento*. São Paulo: Contexto, 2003.

SOLÉ, Isabel. *Estratégias de leitura*. 6. ed. Porto Alegre: Artmed, 1998.

TEBEROSKY, Ana. *Aprendendo a escrever*. São Paulo: Ática, 1995.

TRAVAGLIA, Luiz Carlos. *Gramática*: ensino plural. 5. ed. São Paulo: Cortez, 2011.

VYGOTSKY, Lev S. *Pensamento e linguagem*. 6. ed. São Paulo: Martins Fontes, 2008.

WEISZ, Telma; SANCHEZ, Ana. *O diálogo entre o ensino e a aprendizagem*. São Paulo: Ática, 2003.

FORMULÁRIO

COLE AQUI
SUA
FOTO 3x4

NOME COMPLETO: _____

_____

_____ SEXO: M ◯ F ◯

DOCUMENTO (RG, CERTIDÃO DE NASCIMENTO): _____

ENDEREÇO: _____ NÚMERO: _____

COMPLEMENTO: _____

BAIRRO:_____ CIDADE: _____

ESTADO: _____ CEP: _____ - _____ TELEFONE: ___ _____-_____.

DATA DE NASCIMENTO: _____ /_____/_____ 5º ANO _____

NACIONALIDADE: BRASILEIRA◯ ESTRANGEIRA◯, QUAL?_____

TIPO SANGUÍNEO:_____ IRMÃOS: NÃO◯ SIM◯, QUANTOS? _____

ALTURA: _____ m _____ cm PESO: _____ kg, MANEQUIM: _____

CALÇADO: _____ MORO COM: _____

GOSTO DE: _____

NÃO GOSTO DE: _____

TENHO ALERGIA A: _____

EM CASO DE EMERGÊNCIA, ENTRAR EM CONTATO COM: _____

_____ PELO TELEFONE: _____-_____.

Declaro que todas as informações acima são verdadeiras.

_____, _____ DE _____ DE 20_____.

_____
ASSINATURA

MATERIAL COMPLEMENTAR

Verbete de dicionário

Referente à unidade 1 página 21

goi.a.bei.ra *s.f.* Árvore de pequeno porte, de flores brancas, originária das regiões quentes das Américas e cultivada pelos frutos comestíveis.

goi.ta.cá *s.2g.* Indivíduo dos goitacás, povo indígena que vivia no Rio de Janeiro. (Var. GUAITACÁ.)

go.la *s.f.* (lat. *gula*, pescoço, garganta). A parte de várias peças do vestuário que cinge o pescoço ou está junto deste.

goi.a.ba.da *s.f.* Doce de goiaba em massa.

goi.a.no *adj.* Relativo ou pertencente a Goiás, Estado brasileiro. * *s.m.* O natural ou habitante de Goiás.

go.lei.ro *s.m.* Jogador que tem por função defender o gol de sua equipe.

gol (ô) *s.m.* (ingl. *goal*). **1.** No futebol e em outros esportes, conjunto formado pelas traves, travessão e rede, para onde deve ser lançada a bola para marcar um ponto. **2.** Ponto, marcado quando a bola entra nesse local.

goi.va *s.f.* (lat. *gubia*). Ferramenta com a extremidade cortante em forma côncava, usada em xilogravura e na escultura em madeira.

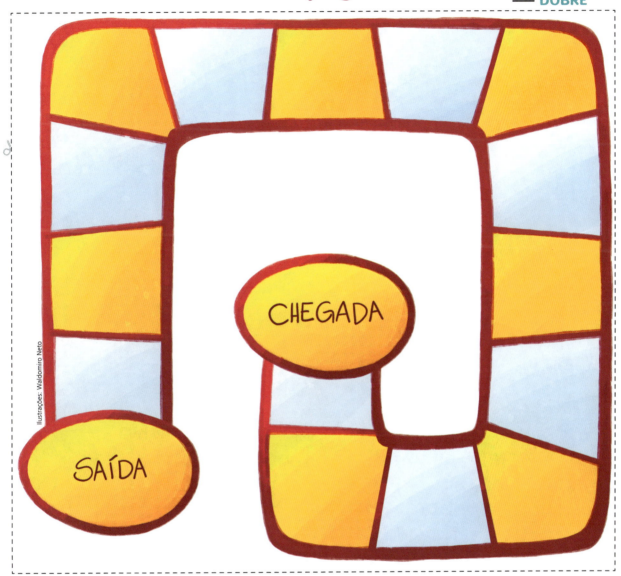

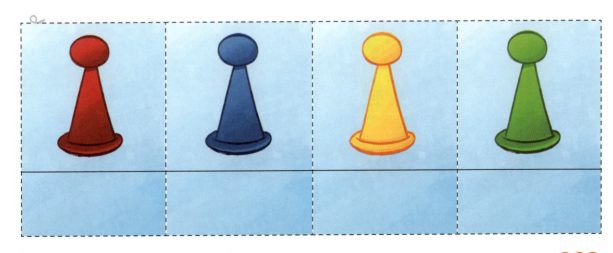

PÓ	ELÉTRICO	GRAMÁTICA
DESPROPÓSITO	PÁ	PIRÂMIDE
MÁGICO	HERÓI	PASTÉIS
SÍLABA	CHAPÉU	CARATÊ
BÍCEPS	VÍRUS	ÓRFÃ
SOFÁ	ATÉ	JILÓ
NINGUÉM	TÚNEL	HÍFEN
AÇÚCAR	ÔNIX	PÉ
LÊ	HÁ	FÔLEGO
PIRÂMIDE	PÔS	FÉ

FORMULÁRIO DE ASSINATURA GRATUITA*

Nome completo: _____

_____

Data de nascimento: _____/_____/_____

Sexo: ◯ Masculino.

◯ Feminino.

Endereço completo: _____,

número _____, bairro _____,

complemento _____ CEP: _____ -_____.

Em que ano escolar você está?

◯ 1º ano. ◯ 2º ano. ◯ 3º ano. ◯ 4º ano. ◯ 5º ano.

Você gosta de ler:

◯ reportagens. ◯ notícias. ◯ histórias em quadrinhos.

◯ textos de curiosidades científicas. ◯ entrevistas.

Você prefere ler textos:

◯ em revistas impressas. ◯ em revistas digitais.

Assinale a opção abaixo para confirmar o seu interesse em receber exemplares da revista.

◯ Quero receber os exemplares desta revista durante um mês gratuitamente.

* Para preencher este formulário é importante que você tenha a autorização dos pais ou responsáveis.

Dominó das palavras primitivas e derivadas

Referente à unidade 6 página 173

 RECORTE

FOGARÉU	FOGARÉU
FAZER	SUPER--HOMEM
VER	PEDRA
ESTUDAR	CASA
FORMIGA	NORMAL
REFAZER	FORMIGUEIRO
ESTUDANTE	REVER
HOMEM	FOGO
PEDRISCO	ANORMAL
CASEBRE	VIDRO
LEAL	VIDRAÇA
TERROR	CAFEZAL
CAFÉ	DESLEAL
GRAMA	FOGO
GRAMADO	ATERRORIZAR

Ilustrações: Waldomiro Neto

Jogo da memória dos verbos

Referente à unidade 8 página 246

 RECORTE

VOU VIAJAR	VOU ESQUECER	VOU ABRIR	VOU PULAR
VAI ACHAR	VAI LEMBRAR	VAI PRATICAR	VAI TENTAR
VAMOS LER	VAMOS PEDALAR	VAMOS AGIR	VAMOS PARAR
VÃO SER	VÃO ESCREVER	VÃO CORRER	VÃO JOGAR
VIAJAREI	ESQUECEREI	ABRIREI	PULAREI
ACHARÁ	LEMBRARÁ	PRATICARÁ	TENTARÁ
LEREMOS	PEDALAREMOS	AGIREMOS	PARAREMOS
SERÃO	ESCREVERÃO	CORRERÃO	JOGARÃO